LIBRO DI LAVORO DELLA TERAPIA DELL'ACCETTAZIONE E DELL'IMPEGNO (ACT)

UNA GUIDA COMPLETA AL CAMBIAMENTO TRAMITE LA MINDFULNESS E AL RECUPERO DA ANSIA, DEPRESSIONE, ATTACCHI DI PANICO E RABBIA

Alberto Pinguelli

Copyright Tutti i diritti riservati.

Questo eBook è fornito al solo scopo di fornire informazioni rilevanti su un argomento specifico per il quale è stato fatto ogni ragionevole sforzo per assicurare che sia accurato e ragionevole. Tuttavia, acquistando questo eBook, si acconsente al fatto che l'autore, così come l'editore, non sono in alcun modo esperti sugli argomenti contenuti nel presente documento, indipendentemente da qualsiasi rivendicazione che possa essere fatta all'interno. Come tale, qualsiasi suggerimento o raccomandazione che viene fatto all'interno è fatto così puramente per il valore di intrattenimento. Si raccomanda di consultare sempre un professionista prima di intraprendere qualsiasi consiglio o tecnica discussa all'interno.

Questa è una dichiarazione legalmente vincolante che è considerata valida e giusta sia dal Comitato dell'Associazione degli Editori che dall'American Bar Association e dovrebbe essere considerata come legalmente vincolante negli Stati Uniti.

La riproduzione, la trasmissione e la duplicazione di qualsiasi contenuto trovato qui, compresa qualsiasi informazione specifica o estesa, sarà fatta come un atto illegale indipendentemente dalla forma finale che l'informazione prende. Questo include le versioni copiate dell'opera, sia fisiche che digitali e audio, a meno che il consenso esplicito dell'Editore sia fornito in anticipo. Ogni altro diritto è riservato.

Inoltre, le informazioni che si possono trovare all'interno delle pagine descritte qui di seguito devono essere considerate sia accurate che veritiere quando si tratta di raccontare i fatti. Come tale, qualsiasi uso, corretto o scorretto, delle informazioni fornite renderà l'editore libero da responsabilità per quanto riguarda le azioni intraprese al di fuori della sua diretta competenza. Indipendentemente da ciò, non ci sono scenari in cui l'autore originale o l'editore possono essere ritenuti responsabili in qualsiasi modo per eventuali danni o difficoltà che possono derivare da una qualsiasi delle informazioni discusse nel presente documento.

Inoltre, le informazioni contenute nelle pagine seguenti sono intese solo a scopo informativo e devono quindi essere considerate come universali. Come si addice alla sua natura, sono presentate senza garanzia della loro validità prolungata o della loro qualità provvisoria. I marchi di fabbrica che sono menzionati sono fatti senza consenso scritto e non possono in alcun modo essere considerati un'approvazione da parte del titolare del marchio.

Contenuto

LIBRO DI LAVORO DELLA TERAPIA DI ACCETTAZIONE E COMMITTENZA (ACT) 1

UNA GUIDA COMPLETA PER CAMBIARE LA MINDFULNESS E RECUPERARE DA ANSIA, DEPRESSIONE, ATTACCHI DI PANICO E RABBIA 1

ALBERT PIAGET .... **Error! Bookmark not defined.**

Contenuto 4

   CAPITOLO UNO 5

   INTRODUZIONE ALLA TERAPIA DI ACCETTAZIONE E IMPEGNO (ACT). 5

   INTRODUZIONE 5

      CAPITOLO DUE 24

      CAPITOLO TERZO 70

         CAPITOLO QUATTRO 75

            CAPITOLO CINQUE 99

CAPITOLO UNO

INTRODUZIONE ALLA TERAPIA DI ACCETTAZIONE E IMPEGNO (ACT).

INTRODUZIONE

Per molto tempo, gli specialisti nel campo della psicologia hanno tentato di creare mediazioni basate sulla scienza e limitate nel tempo per gli individui che desiderano battere le condizioni di benessere emotivo. Così, numerosi individui hanno avuto un enorme successo nell'intendere e trattare una serie di preoccupazioni e sperimentare una prosperità più prominente, quindi. In ogni caso, il recupero a lungo termine e l'anticipazione della ricaduta rimangono critici come territori di potenziale problema per coloro che cercano un trattamento per le condizioni di benessere emotivo. Di recente, sono stati creati nuovi tipi di cura, tra cui l'ACT, con l'aspettativa di espandere i risultati a lungo termine nel trattamento delle condizioni di benessere psicologico.

L'ACT si basa sull'ipotesi del bordo sociale (conosciuta anche come teoria del quadro relazionale (RFT)), una scuola di ricerca che si concentra sul linguaggio umano e l'intuizione. La RFT propone che le attitudini sane utilizzate dal cervello umano per affrontare i problemi potrebbero essere inefficaci nell'aiutare gli individui a sconfiggere i dolori mentali. Sulla base di questa raccomandazione, il trattamento ACT è stato creato per istruire gli individui che anche se l'agonia mentale è ordinaria, e possiamo imparare approcci per vivere più vantaggiosi e più sani, cambiando il modo in cui consideriamo o pensiamo ai dolori.

A partire dalla fine degli anni 90, molti manuali di trattamento sono stati creati per tracciare approcci per utilizzare l'ACT per trattare diverse condizioni di benessere psicologico. Il trattamento utilizzando questi manuali è stato esaminato sperimentalmente. Si è creato supporto per l'utilizzo dell'ACT nel trattamento dell'abuso di sostanze, psicosi, ansia, depressione, dolore cronico e disturbi alimentari.

Formalmente dichiariamo ACT come "atto" e non come le iniziali A-C-T. C'è una valida giustificazione per questo. Al suo centro, l'ACT è un trattamento di condotta: è legato al fare una mossa. In ogni caso, non si tratta semplicemente di un'azione qualsiasi. In primo luogo, si tratta di un'azione guidata dalle qualità. C'è una parte esistenziale importante in questo modello: Cosa vorresti rappresentare nella vita? La cosa principale, da qualche parte nel tuo cuore? A cosa vorresti essere associato al tuo funerale? L'ACT ti mette in contatto con la cosa principale nella visione a 10.000 piedi: i desideri più profondi del tuo cuore per chi devi essere e cosa devi fare durante il tuo breve periodo di tempo su questo pianeta. Voi, a quel punto, utilizzate queste convinzioni fondamentali per dirigere, persuadere e suscitare il cambiamento della condotta. In secondo luogo, si tratta di un'azione "attenta": un'azione che si compie deliberatamente, con piena consapevolezza, aperta alla propria esperienza e completamente occupata da ciò che si sta facendo. L'ACT prende il suo nome da uno dei suoi messaggi centrali: riconosci ciò che è fuori dal tuo controllo, e concentrati sul fare una mossa che migliori la tua vita. Lo scopo dell'ACT è di aiutarci a creare una vita ricca, piena e significativa pur tollerando il dolore che la vita inevitabilmente porta.

L'ACT fa questo mostrandoci le capacità mentali per gestire con successo le considerazioni e le emozioni dolorose in modo che abbiano un impatto e un impatto considerevolmente minore.

Queste sono conosciute come attitudini di cura, e ci aiutano a spiegare ciò che è veramente essenziale e significativo per noi - cioè, spiegano le nostre qualità - e utilizzano queste informazioni per dirigere, svegliare e ispirare a fissare obiettivi e fare una mossa che avanza o arricchisce la nostra vita.

Non molte persone arrivano all'ACT e si tuffano a capofitto. Tu, come molti altri, puoi iniziare immergendo un dito del piede nell'acqua. Poi ci metti un piede intero, a quel punto un ginocchio, una gamba intera. Attualmente ti ritrovi con una gamba nell'acqua e una fuori. E per lo più, rimani lì per molto tempo, a metà, giù per la metà fuori, non esattamente sicuro se l'ACT fa per te. Alla fine, ad un certo punto, ci si tuffa. E quando lo fai, scopri che l'acqua è calda, invitante e animata; ti senti libero, leggero e ingegnoso; e hai bisogno di investire molta più energia in essa. Quando questo accade, di solito non c'è ritorno al vostro vecchio metodo di lavoro. (Quindi, se questo non è ancora accaduto, confido che lo farà prima della fine di questo libro). Una spiegazione dietro questa incertezza di fondo sull'ACT è che essa sfida il modo di pensare provato e vero e rovescia le procedure standard della maggior parte della psicologia occidentale. Per esempio, la maggior parte dei modelli di trattamento sono incredibilmente incentrati sulla diminuzione delle indicazioni (sintomi). Suppongono che i clienti abbiano bisogno di ridurre i loro effetti collaterali prima di poter avere un'esistenza superiore. ACT prende una posizione fondamentalmente straordinaria. ACT si aspetta che:

- La soddisfazione personale ha bisogno di un'azione attenta e guidata dai valori, e
- Questo è concepibile prestando poca attenzione al numero di segni che avete, dato che reagite alle vostre indicazioni con cura.

Per dirla in un altro modo, una vita attenta e coerente con i valori è il risultato ideale dell'ACT, non la diminuzione degli effetti collaterali. Quindi, anche se l'ACT ordinariamente diminuisce i segni, questo non è mai l'obiettivo. (Per inciso, dato che "vivere compatibile con i valori" è un pezzo piuttosto significativo, per la maggior parte del libro lo abbrevierò in "vivere stimato". Scusate, so che non è un inglese incredibile). Così in ACT, quando mostriamo a un cliente le capacità di cura, il punto non è quello di diminuire i suoi segni, ma di cambiare permanentemente il suo rapporto con i suoi effetti collaterali, in modo che non lo tengano più lontano dalla vita stimata. Il fatto che i suoi effetti collaterali diminuiscano è visto come una "ricompensa" in opposizione alla questione centrale del trattamento.

Non diciamo ai nostri clienti: "Non tenteremo di diminuire i vostri effetti collaterali!". Perché no? Da quando:

- Questo creerebbe una vasta gamma di utili confini inutili, e
- Ci rendiamo conto che la diminuzione degli effetti collaterali è incredibilmente probabile. (Nonostante il fatto che non ci concentriamo mai su di esso, in quasi tutti i preliminari, cosa c'entra? e concentrarsi in qualsiasi punto fatto sull'ACT, c'è una notevole indicazione di diminuzione - anche se in alcuni casi accade più gradualmente che in diversi modelli).

Questo significa che, nel caso in cui si arrivi ad ACT da modelli che sono estremamente incentrati sul tentativo di diminuire gli effetti collaterali, si tratta davvero di un enorme cambiamento di prospettiva. Fortunatamente, la stragrande maggioranza -

consulenti e clienti - pensano che sia un cambiamento liberatorio.

Ciononostante, poiché l'ACT è così unica rispetto ad altre metodologie mentali, numerosi praticanti all'inizio si sentono sgraziati, nervosi, impotenti, confusi o carenti. La notizia edificante è che l'ACT ti dà il modo di gestire con successo questi sentimenti perfettamente normali. E più pratichi l'ACT su te stesso per migliorare e potenziare la tua vita e per determinare i tuoi problemi dolorosi, più avrai successo nell'applicarlo ai tuoi clienti. Quindi, basta con il preludio: dobbiamo cominciare!

TERAPIA DI ACCETTAZIONE E IMPEGNO (ACT)

L'ACT è uno dei trattamenti psicologici e di condotta della "terza ondata". Consolida le procedure di riconoscimento e cura vicino ai sistemi di cambiamento, riconoscendo che il cambiamento non è sempre concepibile o attraente.

L'ACT è ipoteticamente ottenuta dalla teoria del quadro relazionale (RFT), che è una registrazione sistematica della condotta delle proprietà funzionali del linguaggio umano.

L'approccio ACT suggerisce che i dolori e le rotture emergono dai tentativi di controllare o smaltire gli incontri scomodi.

I tentativi di controllare o mantenere una distanza strategica da essi possono provocare l'impatto confuso di dolori più evidenti e un'impressione di perdita di controllo della concentrazione per l'eliminazione.

Lo scopo dell'ACT è quello di aumentare l'adattabilità mentale, che si caratterizza come "contattare il minuto presente completamente come un individuo cosciente, e dipendente da ciò che la circostanza porta, cambiando o sopportando nella condotta nell'amministrazione delle stime scelte".

PROCESSI DELLA TERAPIA DELL'ACCETTAZIONE E DELL'IMPEGNO (ACT)

L'obiettivo generale dell'ACT è quello di aumentare la flessibilità psicologica - la capacità di contattare il minuto presente in modo più completo come una persona cosciente e di cambiare o perseverare nella condotta mentre lo si fa serve di chiusure stimate. La flessibilità psicologica è impostata attraverso sei forme ACT centrali. Ognuna di queste zone è concettualizzata come un atteggiamento psicologico positivo, non semplicemente una strategia per stare lontano dalla psicopatologia.

Accettazione

L'accettazione è educata come un'opzione in contrasto con l'evasione esperienziale. L'accettazione include la presa attiva e consapevole di quelle occasioni private che si presentano nella propria storia senza sforzi superflui per cambiare la loro ricorrenza o struttura, in particolare quando ciò causerebbe danni psicologici. Per esempio, i pazienti con tensione vengono educati a sentire il nervosismo, come un'inclinazione, completamente e senza protezione; ai pazienti con dolori vengono date strategie che li spingono a rinunciare alla battaglia con i dolori, ecc. L'accettazione (e la defusione) nell'ACT non è un fine in sé. O forse l'accettazione è incoraggiata come una strategia per espandere l'azione basata sulla stima.

Defusione cognitiva

Le strategie di defusione cognitiva si sforzano di cambiare gli elementi sfortunati delle contemplazioni e di altre occasioni private, invece di tentare di regolare la loro struttura, ricorrenza o affettabilità situazionale. Detto in un altro modo, l'ACT cerca di cambiare il modo in cui si interagisce o ci si identifica con le contemplazioni, creando dei contesti in cui le loro capacità non utili siano ridotte. Ci sono decine di queste strategie che sono state prodotte per un ampio assortimento di introduzioni cliniche. Per esempio, un'idea negativa potrebbe essere osservata in modo imparziale, riascoltata da tutti fino a quando il suo suono rimane, o trattata come un'occasione osservata a distanza dandole una forma, dimensione, sfumatura, velocità o struttura. Un individuo potrebbe ringraziare il proprio cervello per un'idea così intrigante, nominare la strada verso l'intuizione ("ho l'idea di non essere nulla che valga la pena menzionare"), o guardare le contemplazioni, i sentimenti e i ricordi registrati che avvengono mentre sperimentano quell'idea. Tali strategie cercano di attenuare la natura precisa dell'idea, debilitando l'inclinazione a considerare l'idea come ciò a cui allude ("non sono niente che valga la pena menzionare") invece di ciò che è legittimamente sperimentato essere (per esempio, l'idea "sono un sacco di niente"). La conseguenza della defusione è generalmente una diminuzione dell'inautenticità delle occasioni private o della loro connessione con esse, piuttosto che un rapido cambiamento nella loro ricorrenza.

Essere presenti

Avanza il contatto continuo e non critico con le occasioni psicologiche e naturali mentre accadono. L'obiettivo è far sì che i clienti sperimentino il mondo in modo sempre più legittimo, in modo che la loro condotta sia progressivamente adattabile e, in questo modo, le loro azioni siano sempre più prevedibili con le qualità che possiedono. Questo si coltiva permettendo all'utilità di applicare più autorità sulla condotta; e utilizzando il linguaggio più come uno strumento per notare e rappresentare le occasioni, non solo per prevederle e giudicarle. Un sentimento di sé, chiamato "sé come procedura", viene attivamente stimolato: la rappresentazione progressiva disinnescata e non critica di considerazioni, sentimenti e altre occasioni private.

Contesto del sé

Questa è una conseguenza delle cornici relazionali, per esempio, Io contro Te, Ora contro Allora, e Qui contro Là, il linguaggio umano spinge un sentimento di sé come locus o punto di vista, e dà un lato straordinario e profondo alle persone verbali ordinarie. Questo pensiero è stato uno dei semi da cui si sono sviluppati sia l'ACT che la RFT, e attualmente si stanno sviluppando prove del suo significato per le capacità linguistiche, per esempio, la simpatia, la teoria del cervello, il sentimento di sé, e così via. In una parola, il pensiero è che l'"io" si sviluppa su enormi disposizioni di modelli di relazioni tra punti di vista, tuttavia, poiché questo sentimento di sé è un contesto per la conoscenza verbale, non la sostanza di tale conoscenza, i suoi punti di cutoff non possono essere deliberatamente conosciuti. Il sé come contesto è significativo in una certa misura perché, da questo punto di vista, si può comprendere la propria progressione di incontri senza connessione con essi o interesse per quali incontri specifici avvengono: in questo modo, si coltivano la defusione e l'accettazione. Il sé come contesto è incoraggiato nell'ACT da attività di cura, analogie e procedure esperienziali.

Qualità o valori

Le qualità o i valori sono caratteristiche selezionate dell'azione propositiva che non può mai essere vista come un oggetto; tuttavia, può essere lanciata minuto per minuto. L'ACT utilizza un assortimento di attività per permettere al cliente di scegliere i punti di riferimento della vita in diversi spazi (per esempio la famiglia, la vocazione, l'alterità), minando le procedure verbali che possono indurre decisioni dipendenti dall'evasione, dalla coerenza sociale o dalla combinazione (per esempio "dovrei dare valore a X" o "un grande individuo darebbe valore a Y" o "mia madre ha bisogno che io dia valore a Z"). Nell'ACT, l'accettazione, la defusione, l'essere disponibile, ecc. non sono fini a se stessi; invece, fanno posto ad una vita sempre più fondamentale, valoriale, affidabile.

Azione impegnata

Infine, l'ACT stimola il miglioramento di esempi più prominenti e più significativi di azioni attuabili collegate alle stime scelte. In questo momento, assomiglia particolarmente al trattamento convenzionale della condotta, e praticamente qualsiasi strategia di cambiamento di condotta tipicamente conosciuta può essere inserita in una convenzione ACT, compresa l'introduzione, l'ottenimento di abilità, le strategie di modellazione, la fissazione di obiettivi, e così via. A differenza dei valori, che sono continuamente lanciati, ma mai realizzati come articolo, gli obiettivi solidi che il valore previsto può essere raggiunto, e le convenzioni ACT molto spesso includono il lavoro di trattamento e il lavoro scolastico collegato agli obiettivi di cambiamento di condotta a breve, medio e lungo termine. I tentativi di cambiamento di condotta portano così al contatto con le ostruzioni psicologiche che vengono trattate attraverso altre forme di ACT (accettazione, defusione, ecc.).

COME FUNZIONA ACT

Le persone sono la principale creatura pronta a fare collegamenti (relazioni) tra parole e pensieri. Per esempio, possiamo collegare mele e arance all'idea generale di prodotti naturali. Mentre questo è insondabilmente prezioso per preparare il nostro ambiente generale, può creare problemi quando associamo pensieri innocui ad un esempio negativo. Dopo un po' di tempo, gli individui possono iniziare a mettere in relazione idee come la delusione o l'inutilità con se stessi, preparandoli a risultati progressivamente negativi in seguito.

L'ACT funziona istruendo i pazienti a riconoscere e proseguire da questi punti di vista, invece di permettere loro di impregnarsi. Mentre le considerazioni pessimistiche possono essere reazioni ragionevoli e appropriate a circostanze specifiche, non caratterizzano chi è un individuo come individuo, e non dovrebbero impedire a quell'individuo di andare avanti con la propria vita.

Nel momento in cui vedrete uno specialista per l'ACT, comincerete a capire come sintonizzarvi su come parlate con voi stessi, chiamato self-talk. Il centro principale sarà il vostro auto-parlare che comprende disgrazie terribili e altre parti dannose della vostra vita, come connessioni indesiderate, problemi fisici, e così via. Il vostro specialista, a quel punto, vi assisterà nel decidere se queste prospettive sono cose che potete cambiare, come lasciare una relazione complicata, o che dovete riconoscere come sono, come un'incapacità fisica. Se potete cambiare la circostanza, il vostro specialista vi aiuterà a creare tecniche per fare i cambiamenti essenziali nella vostra vita secondo i vostri obiettivi e qualità. Nel caso in cui il problema sia qualcosa che non puoi trasformare, puoi iniziare a imparare tecniche sociali per lavorare intorno alle tue difficoltà, in modo che non abbiano un impatto negativo sulla tua vita.

Quando avete capito i problemi significativi presenti nella vostra vita, voi e il vostro specialista potete iniziare a valutare tutti gli esempi che si sono sviluppati da un bel po' di tempo fa. In questo modo, potrete evitare di rievocare qualsiasi modello negativo in seguito. Invece di combattere con i tuoi sentimenti, puoi capire come riconoscerli per quello che sono e capire come funzionare con o intorno ad essi per realizzare la vita soddisfacente di cui hai bisogno.

BENEFICIO DELL'ATTO

Il vantaggio critico dell'ACT è che può aiutare i pazienti a combattere i disordini mentali come la tensione e la malinconia senza utilizzare la medicina. Addestra i pazienti a cambiare il modo in cui si identificano con i loro pensieri e sentimenti negativi, in modo che queste considerazioni non dominino. Mentre i pazienti non saranno in grado di disfarsi di ogni singolo farmaco immediatamente, potrebbero avere la possibilità di diminuire la loro dose dopo un po' di tempo, e alla fine smettere la prescrizione. Con l'emergenza narcotici che è una questione così intrigante in campo clinico e psicologico, è promettente avere scelte di trattamento convincenti che non richiedono farmaci.

Al suo livello più essenziale, l'ACT spinge i pazienti a riconoscere quelle cose che sono fuori dal loro controllo e a concentrarsi su diverse contemplazioni e azioni destinate a migliorare la loro vita. Invece di provare rimorso per avere considerazioni o sentimenti negativi, i pazienti scoprono che i sentimenti negativi sono superbamente comuni. Nel momento in cui possono riconoscere le parti negative della loro consapevolezza, i pazienti sono tanto più autorizzati a cominciare a muoversi all'infinito da esse e verso un corso progressivamente positivo. L'obiettivo dell'ACT è di aumentare la flessibilità psicologica. Gli operatori assistono i pazienti nel diventare sempre più consapevoli dei modi in cui pensano e sentono attraverso attività e tecniche di cura. Inoltre, si concentrano sul fare cambiamenti di condotta duraturi concentrandosi su nuove azioni e progetti ponderati. I pazienti capiscono come riconoscere le loro contemplazioni così come sono e valutare queste riflessioni per decidere se servono gli obiettivi di vita del paziente. Nel caso in cui le contemplazioni non li stiano aiutando, i pazienti possono lavorare per radicare nuove considerazioni e azioni progressivamente positive.

L'Acceptance and Commitment Therapy (ACT) è un tipo speciale di terapia che spinge i pazienti ad afferrare i loro pensieri e sentimenti negativi invece di cercare di tenerli lontani o di farne a meno. Specialisti preparati utilizzano questa strategia per trattare una vasta gamma di condizioni, e ha dimostrato di essere sorprendentemente potente per alcuni individui.

CONSAPEVOLEZZA E AZIONE

Mindfulness è ritratta come mantenere il contatto con il minuto presente invece di fluttuare in un pilota programmato. Mindfulness permette ad una persona di interfacciarsi con l'io che guarda, la parte che conosce, tuttavia, separata dall'io che ragiona. I metodi di Mindfulness spesso aiutano gli individui ad espandere l'attenzione a ciascuna delle cinque facoltà, così come alle loro contemplazioni e sentimenti.

La consapevolezza costruisce anche la capacità di una persona di ritirarsi dalle contemplazioni. I movimenti identificati con emozioni, desideri o circostanze dolorose sono spesso prima diminuiti e poi, a lungo andare, riconosciuti. L'accettazione è la capacità di permettere all'esperienza interiore ed esteriore di accadere, invece di lottare o mantenere una distanza strategica dall'esperienza. Nel caso in cui qualcuno creda: "Sono un individuo orribile", gli si può chiedere invece di dire: "Ho l'idea di essere un individuo orribile". Questo isola adeguatamente l'individuo dalla percezione, spogliandolo successivamente della sua carica negativa.

Nel momento in cui gli individui sperimentano sensazioni strazianti, per esempio, la tensione, si può dire loro di aprirsi, respirare o fare spazio al sentimento fisico del disagio e permettergli di rimanere lì; allo stesso modo, tutto sommato, senza alimentarlo o limitarlo.

TEORIA DELL'ATTO

La teoria dell'ACT non caratterizza gli incontri maldestri ed entusiastici come indicazioni o problemi. Tenta invece di affrontare la propensione di alcuni a vedere le persone che cercano la terapia come danneggiate o imperfette e significa aiutare gli individui a comprendere la totalità e l'essenzialità della vita. Questa totalità incorpora una vasta gamma di esperienze umane, compresa l'agonia che inevitabilmente si accompagna a circostanze specifiche.

L'accettazione dello stupore, senza valutare o tentare di trasformarlo, è una competenza creata attraverso le pratiche di mindfulness durante tutto l'incontro. L'ACT non tenta di cambiare legittimamente o di fermare le riflessioni o i sentimenti indesiderabili (come fa la terapia cognitiva di condotta), ma spinge invece gli individui a costruire un altro e amorevole rapporto con questi incontri. Questa mossa può liberare gli individui dai problemi che cercano di controllare i loro incontri e aiutarli ad aprirsi sempre di più ad azioni affidabili con le loro qualità, la spiegazione dei valori e il significato degli obiettivi basati sulle qualità sono inoltre parti fondamentali dell'ACT.

OBIETTIVO DELL'ATTO

L'ACT mira a fare una vita ricca e significativa pur tollerando i dolori che inevitabilmente la accompagnano. "ACT" è un troncamento decente, poiché questa terapia è legata al fare un'azione convincente guidata dalle nostre qualità più profonde e nella quale siamo completamente presenti e bloccati. È solo attraverso un'azione attenta che possiamo fare una vita di valore. Mentre ci sforziamo di fare una tale esistenza reale, sperimenteremo una vasta gamma di limiti, come orrendi e indesiderabili "incontri privati" (pensieri, immagini, sentimenti, sensazioni, impulsi e ricordi). L'ACT arriva alle attitudini di mindfulness come un metodo di successo per affrontare questi incontri privati.

CAPITOLO DUE

DEPRESSIONE

La depressione è una malattia tipica in tutto il mondo, con oltre 264 milioni di individui influenzati. La depressione è unica e riguarda le variazioni mentali normali e le reazioni passionali fugaci alle sfide dell'esistenza quotidiana regolare. Soprattutto quando è affidabile e con forza moderata o estrema, la depressione può trasformarsi in una buona condizione di benessere. Può far sì che l'individuo influenzato sopporti incredibilmente e lavori in modo inefficace, macinando via, a scuola e in famiglia. Da un punto di vista pessimistico, la depressione può indurre al suicidio. Quasi 800.000 persone tirano le cuoia a causa del suicidio in modo costante. Il suicidio è il seguente motivo di morte nei giovani tra i 15 e i 29 anni. Anche se ci sono note medicine di successo per i disordini mentali, da qualche parte tra il 76% e l'85% degli individui nelle nazioni a basso e medio reddito non ricevono alcun trattamento per la loro confusione. Gli ostacoli a una considerazione praticabile incorporano l'assenza di beni, l'assenza di fornitori di servizi medicinali preparati e la disgrazia sociale legata ai problemi mentali. Un altro ostacolo a una considerazione praticabile è la valutazione fuori base. Nelle nazioni di tutti i livelli salariali, gli individui che sono scoraggiati non sono regolarmente analizzati in modo efficace, e altre persone che non hanno l'agitazione sono ancora e ancora mal diagnosticati e approvato antidepressivi. Il peso della depressione e di altre condizioni di benessere psicologico è in ascesa, tutto compreso.

CAUSE DELLA DEPRESSIONE

Vari componenti possono espandere l'opportunità del dolore, incluso l'accompagnamento:

Abuso.

I maltrattamenti fisici, sessuali o psicologici passati possono espandere l'impotenza fino al dolore clinico prima o poi.

Alcuni farmaci.

Alcuni farmaci, per esempio l'isotretinoina (usata per trattare l'infiammazione della pelle), il farmaco antivirale interferone-alfa e i corticosteroidi, possono espandere il pericolo di sofferenza.

Conflitto.

Lo sconforto in qualcuno che ha l'impotenza organica di creare dolore può derivare da scontri individuali o da questioni con parenti o compagni.

La morte o una disgrazia.

Problemi o malinconia per il passaggio o la perdita di un amico o di un membro della famiglia, tuttavia caratteristico può espandere il pericolo di infelicità.

Genetica.

Un'ascendenza familiare di tristezza può essere pericolosa. E' l'idea che l'infelicità sia una caratteristica che lascia perplessi, il che implica che c'è probabilmente una vasta gamma di qualità che ciascuna applica piccoli impatti invece di una qualità solitaria che si aggiunge al rischio di malattia. Le condizioni ereditarie della miseria, come la maggior parte dei problemi mentali, non sono così necessarie o dirette come nelle malattie assolutamente genetiche, per esempio la corea di Huntington o la fibrosi cistica.

Grandi occasioni.

Infatti, anche le grandi occasioni, per esempio iniziare un nuovo lavoro, laurearsi o sposarsi, possono suscitare tristezza. Così come un trasloco, la perdita di una vocazione o di uno stipendio, la separazione o le dimissioni. Sia come sia, il disturbo della tristezza clinica non è mai solo una reazione "ordinaria" a occasioni di vita angoscianti.

Altre questioni individuali.

Problemi, per esempio, la disconnessione sociale a causa di altri disadattamenti psicologici o l'essere buttati fuori da una famiglia o da una riunione sociale, possono aumentare il pericolo di creare tristezza clinica.

Malattie gravi.

Di tanto in tanto, la tristezza esiste insieme a un disturbo significativo o potrebbe essere attivata da un'altra condizione medica.

Abuso di sostanze.

Quasi il 30% delle persone con problemi di abuso di sostanze hanno anche un significativo o clinico sconforto. Indipendentemente dal fatto che i farmaci o il liquore, incidentalmente, vi facciano sentire meglio, alla fine disturbano l'infelicità.

Storia familiare.

Hai un rischio maggiore di creare infelicità se hai un'ascendenza familiare di tristezza o un altro problema di disposizione.

Trauma giovanile precoce.

Alcune occasioni influenzano il modo in cui il tuo corpo risponde alla paura e alle circostanze sconvolgenti.

Struttura del cervello.

C'è un rischio più grave per la tristezza se la proiezione frontale del tuo cervello è meno dinamica. Sia come sia, i ricercatori non hanno la più pallida idea se questo avvenga prima o dopo l'inizio di segni pesanti.

Condizioni mediche.

Alcune condizioni possono metterti a più alto rischio, per esempio, una malattia interminabile, un disturbo del sonno, dolori costanti o un disturbo da deficit di attenzione e iperattività (ADHD).

LIVELLI DI DEPRESSIONE

Depressione maggiore (depressione clinica)

Il problema gravemente gravoso, altrimenti chiamato

depressione unipolare o clinica, è descritto da un sentimento tenace di problemi o da un'assenza di entusiasmo per gli aggiornamenti esterni. Si può avere questo tipo di depressione se si hanno almeno cinque degli effetti collaterali di accompagnamento nella maggior parte dei giorni per circa quattordici giorni o più. In ogni caso, uno degli effetti collaterali deve essere in uno stato mentale scoraggiato o la perdita di

entusiasmo per gli esercizi.

- Perdita di interesse o nelle sue attività
- Sentimenti di inutilità o di colpa

- Pensiero negativo con incapacità di vedere soluzioni positive
- Sentirsi irrequieto o agitato
- Incapacità di concentrarsi
- Sfogarsi con i propri cari
- Irritabilità
- Ritirarsi dai propri cari
- Aumento del sonno
- Esaurimento e letargia
- Pensieri morbosi e suicidi
- Perdita o aumento di peso

Cos'è una scena o un episodio depressivo maggiore?

Una scena depressiva maggiore è un periodo di circa quattordici giorni o più in cui un individuo incontra gli effetti collaterali della depressione maggiore, per esempio, tristezza, perdita di gioia, debolezza e contemplazioni autodistruttive. In particolare, l'individuo deve sperimentare una mentalità bassa e inoltre ha perso l'entusiasmo per gli esercizi.

Un problema di depressione maggiore è curabile?

Il problema depressivo maggiore è una condizione che può fare un movimento ritmico nel corso della vita di un individuo. Il problema depressivo maggiore non è considerato "curabile", ma con il trattamento corretto, gli effetti collaterali della depressione possono essere sorvegliati e mitigati dopo qualche tempo.

Qual è il miglior trattamento per il problema della depressione maggiore?

Un assortimento di scelte di trattamento è accessibile per un problema depressivo maggiore, tra cui la psicoterapia, i farmaci energizzanti, il trattamento della condotta psicologica, il trattamento elettroconvulsivo (ECT), e le medicine regolari. Il piano di trattamento varierà per ogni individuo basandosi sui bisogni individuali; tuttavia, il "miglior" trattamento per il problema depressivo maggiore è regolarmente pensato per essere una miscela di medicina e terapia.

Distimia (disturbo depressivo persistente)

La distimia, altrimenti chiamata un disturbo depressivo persistente, è un tipo di depressione a lungo termine che va avanti per un tempo considerevole e può intromettersi nella vita quotidiana, nel lavoro e nelle connessioni. Gli individui con la distimia spesso pensano che sia difficile essere allegri anche in eventi comunemente felici. Potrebbero essere visti come tristi, negativi o piagnoni quando, in generale, stanno gestendo un incessante disadattamento psicologico. Gli effetti collaterali della distimia possono andare avanti e indietro dopo qualche tempo, e la forza degli effetti collaterali può cambiare, ma gli effetti collaterali, per la maggior parte, non spariscono per più di due mesi uno dopo l'altro.

In che modo la distimia è unica rispetto alla depressione maggiore?

Lo stato d'animo depresso sperimentato con la distimia non è così pericoloso come il disturbo depressivo maggiore, ma fa emergere sentimenti di difficoltà, miseria e perdita di gioia. Mentre gli effetti collaterali della depressione devono essere disponibili per almeno due settimane per essere determinati ad avere un disturbo depressivo maggiore, una determinazione della distimia richiede di aver incontrato un mix di effetti collaterali depressivi per molto tempo o più.

Cosa si intende per depressione "avanzata"?

Il termine depressione avanzata è frequentemente usato per riferirsi alla distimia, o disturbo depressivo persistente, poiché a causa dell'idea interminabile di questo tipo di depressione, numerose persone che vivono con il disturbo continuano a fare uno sforzo insincero della vita in modo automatico, apparentemente bene a tutti intorno a loro.

Cos'è la depressione biunivoca?

La depressione duplice è una complessità della distimia. Dopo un po' di tempo, la parte più significativa degli individui con distimia sperimenta effetti collaterali esacerbanti che portano all'inizio di un disturbo completo di depressione maggiore sul loro disturbo distimico, portando a ciò che è noto come depressione duplice.

Depressione maniacale (disturbo bipolare)

Il disturbo bipolare, a volte alluso come depressione maniacale, è una condizione di benessere psicologico che causa variazioni oltraggiose nella mentalità e cambiamenti nella vitalità, nel pensiero, nella condotta e nel riposo. Con la depressione maniacale, non ti senti semplicemente "triste"; il tuo stato depressivo può indurre considerazioni autodistruttive che si trasformano in sentimenti di felicità e vitalità perpetua. Questi straordinari episodi emotivi possono accadere molto spesso, per esempio, costantemente o presentarsi sporadicamente - forse solo due volte all'anno. Gli stabilizzatori della mente, per esempio il litio, possono essere utilizzati per controllare gli episodi emotivi che accompagnano il disturbo bipolare, ma alle persone viene anche raccomandata una vasta gamma di farmaci, compresi gli antidepressivi e gli antipsicotici atipici.

Il disturbo bipolare è ereditario?

Anche se i ricercatori non hanno individuato un singolo driver principale, si evince che le qualità ereditarie rappresentano probabilmente circa il 60-80% del rischio di creare un disturbo bipolare, dimostrando il ruolo chiave che l'ereditarietà gioca in questo momento. Il tuo pericolo di creare il disturbo bipolare è inoltre ampliato essenzialmente sulla possibilità che tu abbia un parente di primo grado che sperimenta il disturbo.

Il disturbo bipolare può essere curato?

Attualmente, non c'è rimedio per il disturbo bipolare, ma può essere sorvegliato efficacemente con un piano di trattamento, che include un mix di medicina e psicoterapia.

Qual è la distinzione tra il disturbo bipolare 1 e il disturbo bipolare 2?

Mentre una vasta gamma di disturbo bipolare include straordinari alti e bassi, la distinzione fondamentale tra bipolare 1 e bipolare 2 è la gravità delle indicazioni maniacali. Con il bipolare 1, la follia, o temperamento elevato, di solito è più grave che con il bipolare 2. Con il bipolare 2, l'individuo incontra l'ipomania, un tipo meno grave di follia che porta a pratiche che sono atipiche per l'individuo ma non irregolari per la società in libertà.

Depressione post-partum (Depressione Peripartum)

I sentimenti tragici e le sessioni di pianto che seguono il travaglio sono conosciuti come "ansia postnatale". La depressione postnatale è normale e, in generale, diminuisce fino a 14 giorni. Questo tipo di infelicità è regolarmente attribuita ai cambiamenti emotivi e ormonali che seguono il travaglio. Circa una donna su sette incontrerà qualcosa di più straordinario dell'ansia postnatale. In ogni caso, le donne che concepiscono una prole e lottano con amarezza, tensione o stress per mezzo mese o più possono avere una depressione post-partum (PPD). I segni e gli effetti collaterali della PPD includono:

- Sentirsi giù o scoraggiati per gran parte della giornata per metà mese o più
- Sentirsi lontani e allontanati dai propri cari

- Una perdita di entusiasmo per gli esercizi (incluso il sesso)
- Cambiamenti nelle propensioni alimentari e di sonnolenza
- Sentirsi stanchi per gran parte della giornata
- Sentirsi furioso o irritabile
- Avere sentimenti di tensione, stress, assalti d'allarme o riflessioni avventate

La depressione post-partum può iniziare molto tempo dopo aver concepito una prole?

La depressione post-partum non inizia rapidamente dopo l'introduzione di un neonato. I segni della depressione post-partum possono iniziare nelle settimane iniziali appena successive al travaglio; tuttavia, in alcuni casi, gli effetti collaterali della PPD non iniziano fino a mesi dopo la nascita e possono svilupparsi in qualsiasi momento durante il primo anno del bambino.

Perché avviene la depressione postpartum?

Mentre la ragione specifica per la depressione post-partum è oscura, si crede che sia una conseguenza di un assortimento di componenti tra cui i cambiamenti fisici che avvengono a causa della gravidanza, la tensione per la paternità, i cambiamenti ormonali, i problemi di benessere psicologico del passato, l'assenza di aiuto, una gravidanza confusa o il trasporto, e inoltre i cambiamenti del ciclo di riposo.

La depressione post-partum può andare avanti e indietro?

"Le signore che hanno sperimentato la depressione post-partum (PPD) sono costantemente in pericolo per future scene di temperamento da quel punto l'esperienza primaria di depressione, forse perché il "interruttore" per avere quelle scene è attualmente capovolto dopo la PPD, e poiché la pressione della paternità non lascia e può anche esacerbare contingente sui fattori di stress mentale che sono continui," dice Jean Kim, M.D. "Nella remota possibilità che la signora sta prendendo il farmaco per i segni depressivi potrebbe perdere l'adeguatezza per motivi sconosciuti a un po 'fuori, quindi non sarebbe incomprensibile per un backslide per accadere un po' dopo la scena PPD sottostante".

Disturbo Affettivo Stagionale (SAD)

Il disturbo affettivo stagionale (SAD) è un tipo di depressione identificata con la differenza di stagione. Gli individui che sperimentano gli effetti negativi del SAD notificano segni che iniziano e si completano in occasioni simili ogni anno. Per alcuni, i sintomi iniziano in autunno e procedono nei mesi invernali; tuttavia, è fattibile per SAD per accadere in primavera o in estate. In entrambi i casi, le indicazioni della depressione, per esempio, la tristezza, l'esaurimento e la perdita di intrigo o gioia negli esercizi, iniziano dolcemente e progrediscono per essere sempre più pericolosi con il passare delle settimane. Gli individui che sperimentano la SAD in inverno hanno anche notato gli effetti collaterali unici che li accompagnano:

- Pesantezza nelle braccia e nelle gambe
- Frequente dormire fino a tardi
- Voglia di fame/aumento di peso
- Problemi di relazione

Come viene trattato il disturbo affettivo stagionale (SAD)?

I piani di trattamento per il disturbo affettivo stagionale (SAD) possono incorporare medicine, psicoterapia, trattamento della luce, o un mix di queste alternative per affrontare i segni della depressione. Il trattamento di conversazione può essere una scelta inestimabile per quelli con SAD. Uno psicoterapeuta può aiutarvi a riconoscere i disegni nel ragionamento e nella condotta contraria che ondeggiano la depressione, imparare metodi positivi per adattarsi ai segni, e stabilire strategie di rilassamento che possono aiutarvi a ristabilire la vitalità perduta.

Il disturbo affettivo stagionale può verificarsi in tarda primavera?

Il disturbo affettivo stagionale (SAD) nei mesi di fine primavera è più tipico di quanto si possa sospettare. Circa il 10% delle persone con SAD iniziano a vedere le indicazioni della depressione nei mesi di fine primavera.

Perché avviene il disturbo affettivo stagionale?

La ragione specifica del disordine affettivo stagionale (SAD) è ancora nebulosa; tuttavia, gli specialisti hanno fatto un assortimento di teorie identificate con la ragione del disordine e perché alcuni sperimentano effetti collaterali più estremi di altri. È stato raccomandato che gli impatti della luce, un orologio corporeo disturbato, bassi livelli di serotonina, alti livelli di melatonina, terribili occasioni della vita e persino disturbi fisici sono associati all'inizio del SAD.

Depressione psicotica

Come indicato dalla National Alliance on Mental Illness, circa il 20% degli individui con depressione hanno scene così gravi da creare effetti collaterali psicotici. Una constatazione di disturbo depressivo maggiore con riflessi psicotici potrebbe essere data alle persone che sperimentano una miscela dei segni della depressione e della psicosi: uno stato psicologico ritratto da ragionamenti o comportamenti sparsi; inganni, noti come sogni ad occhi aperti, o viste o suoni fasulli, noti come voli mentali.

Quali sono le prime indicazioni di psicosi?

La psicosi precoce allude al periodo in cui un individuo comincia a sembrare che stia perdendo il contatto con il mondo reale. Le indicazioni iniziali della psicosi comprendono il dubbio degli altri, il tirarsi indietro socialmente, i sentimenti gravi e sconvenienti, la difficoltà a pensare in modo chiaro, una diminuzione della pulizia vicino a casa e un calo nell'esecuzione impegnata nel lavoro o nella scuola.

Come si analizza la depressione psicotica?

Per essere determinato ad avere un disturbo depressivo maggiore con evidenziazioni psicotiche, l'individuo deve avere una scena depressiva che dura due settimane o più e incontrare sogni e visualizzazioni. Ci sono due tipi distinti di disturbo depressivo maggiore con evidenziazioni psicotiche, i due dei quali includono notevolmente i sogni e i viaggi mentali. Gli individui sperimentano il disturbo depressivo maggiore con evidenziazioni psicotiche compatibili con lo stato d'animo (la sostanza delle fantasie e dei sogni ad occhi aperti è prevedibile con soggetti depressivi) o con evidenziazioni psicotiche incongruenti con lo stato d'animo (il contenuto delle fantasie e dei sogni non include argomenti depressivi).

La depressione psicotica può trasformarsi in schizofrenia?

La depressione è un disturbo mentale e la schizofrenia è un disturbo psicotico; mentre sia la depressione psicotica che la schizofrenia condividono la psicosi come effetto collaterale, non c'è alcuna motivazione per credere che la depressione psicotica si trasformi in schizofrenia. In alternativa, le persone con schizofrenia possono scoraggiarsi quando comprendono la disgrazia che racchiude la loro malattia, la scarsa previsione e la perdita di capacità.

Disturbo disforico premestruale (PMDD)

Il disordine disforico premestruale, o PMDD, è un disordine ciclico a base ormonale, regolarmente ritenuto un tipo estremo e debilitante di sindrome premestruale (PMS). Mentre fino all'85% delle donne sperimentano la sindrome premestruale, solo circa il 5% delle donne sono determinate ad avere il PMDD, come indicato da un esame dell'American Journal of Psychiatry. Mentre le indicazioni centrali del PMDD si identificano con il temperamento scoraggiato e il nervosismo, si verificano anche segni fisici e di condotta. Per ottenere una determinazione del PMDD, è più probabile che una signora abbia sperimentato i sintomi durante la parte più significativa dei modelli mestruali dell'anno precedente e questi effetti collaterali hanno probabilmente influenzato negativamente il lavoro o il lavoro sociale.

Qual è la distinzione tra PMDD e PMS?

Il disturbo disforico premestruale (PMDD) è una condizione più genuina della sindrome premestruale (PMS). Le indicazioni presenti con la sindrome premestruale non vengono da, e grandi interferenze con la capacità ordinaria e sono meno estreme nella loro forza. Mentre è tipico per le signore incontrare il cambiamento di temperamento nei giorni che preparano la strada alle mestruazioni, gli effetti collaterali mentali di depressione grave, tensione e riflessioni autodistruttive non accadono con la PMS.

Qual è la migliore medicina per il PMDD?

Per gli effetti collaterali del PMDD identificati con l'inquietudine e il malessere, si può approvare un gruppo di antidepressivi chiamati inibitori specifici della ricaptazione della serotonina

(SSRI); sertralina, fluoxetina e paroxetina cloridrato sono stati tutti affermati dalla FDA come farmaci che potrebbero essere raccomandati per alleviare i dolori.

Quanto durano gli effetti collaterali del PMDD?

Le indicazioni del disturbo disforico premestruale (PMDD) si ripresentano comunemente ogni mese prima e durante il ciclo femminile. Gli effetti collaterali di solito iniziano 7-10 giorni prima del ciclo femminile e diminuiscono in potenza entro un paio di giorni dall'inizio del periodo. Gli effetti collaterali svaniscono totalmente fino alla successiva fase premestruale.

Depressione atipica

Indipendentemente dal suo nome, la depressione atipica può sicuramente essere uno dei tipi di depressione più evidenti. La depressione atipica non è proprio la stessa cosa della costante amarezza o tristezza che descrive la depressione maggiore. È vista come uno "specificatore" o sottotipo di depressione maggiore che raffigura un esempio di effetti collaterali della depressione, tra cui sonno, ingozzamento, irritabilità, peso nelle braccia e nelle gambe, affettività al licenziamento e problemi di relazione. Uno dei primi segni della depressione atipica è la capacità dello stato d'animo dell'individuo scoraggiato di migliorare dopo un'occasione favorevole.

Quanto è genuina la depressione atipica?

Allo stesso modo, allo stesso modo, con una depressione, la depressione atipica è una condizione di benessere psicologico positivo ed è legata a un pericolo allargato di suicidio e di disturbi di tensione. La depressione atipica inizia regolarmente negli anni dell'adolescenza, prima di altri tipi di depressione, e può avere un decorso più lungo (costante).

Come si tratta la depressione atipica?

La depressione atipica reagisce bene al trattamento contenuto nei due farmaci e nella psicoterapia. Gli inibitori della monoammina ossidasi (MAOI) e diversi antidepressivi, per esempio gli SSRI e gli antidepressivi triciclici sono i farmaci più ampiamente riconosciuti e raccomandati per trattare la depressione atipica.

La depressione atipica può essere curata?

Non c'è un trattamento a misura per "aggiustare" la depressione atipica; tuttavia, può benissimo essere efficacemente fatto con un mix di medicina e psicoterapia. L'abbattimento è l'obiettivo per la depressione atipica; tuttavia, ricordate che la depressione ha un alto pericolo di ricomparsa, quindi è essenziale essere consapevoli di eventuali effetti collaterali che ricompaiono.

Depressione situazionale (depressione reattiva/disordine di adattamento)

La depressione situazionale, chiamata anche depressione reattiva o disturbo da modificazione, è un tipo di depressione presente, legata allo stress. Può crearsi dopo che un individuo incontra un terribile incidente o una progressione di cambiamenti nella sua regolare esistenza quotidiana. I casi di occasioni o cambiamenti che possono innescare la depressione situazionale comprendono, tuttavia, non sono limitati a: separazione, pensionamento, perdita di un compagno, malattia e problemi di relazione. La depressione situazionale è in questo modo un tipo di disturbo di modifica, in quanto ha origine dalla battaglia di un individuo per affrontare i progressi che sono accaduti. Molte persone che sperimentano la depressione situazionale iniziano ad avere segni all'interno di circa 90 giorni dopo l'occasione attivante.

In che modo la depressione situazionale non è la stessa cosa della depressione clinica?

Nella remota possibilità che tu abbia una depressione situazionale, incontrerai un gran numero di segni simili a quelli di qualcuno con un disturbo depressivo maggiore. Il contrasto chiave è la depressione situazionale è una reazione momentanea attivata da un'occasione nella vita di qualcuno, e i sintomi si risolvono quando il fattore di stress non esiste più, o l'individuo può adattarsi alla circostanza. Per niente come la depressione situazionale, il disturbo depressivo maggiore è visto come un disturbo del temperamento e di solito include una natura sintetica imbarazzante nel cervello.

Come si analizza la depressione situazionale?

Per essere determinato ad avere la depressione situazionale, un individuo deve incontrare effetti collaterali mentali e di condotta all'interno di tre mesi di un fattore di stress riconoscibile, che sono oltre quello che potrebbe essere visto come una reazione comune, e migliorare entro un semestre dopo che l'aggressore è stato espulso.

Chi rischia di creare una depressione situazionale?

È altamente improbabile prevedere quale individuo di un gruppo di individui che incontra un simile fattore di stress creerà una depressione situazionale. Tuttavia, è accettato che le vostre attitudini sociali prima dell'occasione e il modo in cui gestite la pressione possono assumere un lavoro.

Disturbo da disregolazione dell'umore dirompente (DMDD)

Il DMDD è una determinazione veramente tardiva, presentandosi senza precedenti nel Manuale diagnostico e statistico dei disturbi mentali (DSM-5) nel 2013. Il DSM-5 caratterizza il DMDD come un tipo di disturbo gravoso, in quanto i bambini determinati ad avere il DMDD lottano per gestire i loro stati d'animo e sentimenti durante un modo adatto al tempo. Di conseguenza, i bambini con DMDD mostrano turbamenti di carattere alla luce dell'insoddisfazione, sia verbalmente che tipicamente. Nel mezzo dei cambiamenti, sperimentano una fragilità incessante e diligente.

In che modo il DMDD non è la stessa cosa del disturbo bipolare?

Mentre l'elemento vitale del DMDD è la permalosità, il segno del disturbo bipolare è la vicinanza di scene iper o ipomaniacali. Anche se il DMDD e il disturbo bipolare possono entrambi motivare la permalosità, le scene iper, in generale, accadranno sporadicamente, mentre nel DMDD, l'umore irritabile è grave e incessante.

Qual è il trattamento per il DMDD?

Un mix di psicoterapia e strategie per i genitori è la mossa iniziale per addestrare i bambini ad adattare le attitudini per controllare i loro stati d'animo e sentimenti e mostrare ai tutori come sorvegliare gli sconvolgimenti. Tuttavia, una medicina può anche essere raccomandata se queste strategie da sole non sono convincenti.

I giovani possono uscire dal DMDD?

I giovani probabilmente non usciranno dal DMDD senza capire come controllare adeguatamente i loro umori e sentimenti. Nel caso in cui pensiate che vostro figlio possa avere il DMDD, cercate un consiglio da un professionista del benessere psicologico per un'analisi e un piano di trattamento fattibile.

Vivere con la depressione può sembrare un compito scoraggiante, ma non è qualcosa che devi affrontare da solo. Puoi fare il nostro test gratuito e classificato sulla depressione, come autovalutazione iniziale per i segni della depressione.

È fondamentale rendersi conto che la malattia fisica espande anche il pericolo di creare gravi disturbi gravosi. La depressione può essere causata da un intero assortimento di disturbi che hanno un impatto sulle strutture del corpo o da disturbi incessanti che causano una continua agonia. È eccezionalmente normale tra gli individui che hanno malattie, per esempio, l'accompagnamento:

- Cancro
- Malattia coronarica
- Diabete
- Epilessia
- Sclerosi multipla
- Ictus

- Malattia di Alzheimer
- HIV/AIDS
- Lupus eritematoso sistemico
- Dolore articolare reumatoide

Inoltre, la depressione può essere istigata da sostanze specifiche e prescrizioni, quindi siate pronti ad avere una conversazione trasparente con il vostro professionista del benessere psicologico sul vostro consumo di alcol e sull'uso di qualsiasi farmaco raccomandato o ricreativo.

Se pensate di stare vivendo uno di questi vari tipi di depressione, vi incoraggiamo a contattare il vostro PCP o un esperto di benessere psicologico per ottenere la determinazione, il trattamento e il sostegno di cui avete bisogno.

SEGNI E SINTOMI DELLA DEPRESSIONE

La depressione può essere più di una condizione costante di amarezza o di sentirsi "blu".

Una depressione significativa può causare un assortimento di indicazioni. Alcune influenzano l'umore, altre il corpo. Gli effetti collaterali possono anche progredire, o viaggiare in ogni direzione.

Gli effetti collaterali della depressione possono essere sperimentati distintamente tra uomini, donne e giovani in modo inaspettato.

Gli uomini possono incontrare effetti collaterali identificati con il loro:

- Stato d'animo: per esempio, indignazione, forza, permalosità, inquietudine, ansia
- Prosperità emotiva: per esempio, sentirsi vacanti, infelici e tristi
- Comportamento: per esempio, perdita di interesse, non scoprire più il piacere negli esercizi più amati, sentirsi stanco in modo efficace, considerazioni sul suicidio, bere in modo esorbitante, usare droghe, partecipare ad esercizi ad alto rischio
- Intrigo sessuale: per esempio, diminuzione del desiderio sessuale, assenza di esecuzione sessuale
- Capacità cognitive: per esempio, incapacità di concentrarsi, difficoltà a finire le commissioni, reazioni posticipate durante le discussioni
- Disegni del sonno: per esempio, un disturbo del sonno, un riposo ansioso, una stanchezza eccessiva, non riuscire a dormire per tutta la sera
- prosperità fisica: per esempio, esaurimento, dolori, emicrania, problemi di stomaco.

Le signore possono incontrare effetti collaterali identificati con il loro:

- umore: per esempio, crabbiness
- prosperità emotiva: per esempio, sentirsi tragici o vacui, al limite o tristi
- Comportamento: per esempio, perdita di entusiasmo per gli esercizi, ritiro dall'impegno sociale, riflessioni.
- capacità cognitive: per esempio, pensare o parlare tanto più gradualmente
- disegni del sonno: per esempio, difficoltà a rimanere addormentati per tutta la sera, svegliarsi presto, sonnecchiare eccessivamente
- prosperità fisica: per esempio, vitalità diminuita, stanchezza più prominente, cambiamenti nella fame, cambiamenti di peso, dolori, dolori, emicranie, problemi espansi

I giovani possono incontrare effetti collaterali identificati con il loro:

- umore: per esempio, permalosità, indignazione, sbalzi d'umore, pianto

- prosperità emotiva: per esempio, sentimenti di inettitudine (per esempio "non riesco a fare niente di giusto") o disperazione, pianto, pietà eccezionale

- comportamento: per esempio, cadere in difficoltà a scuola o rifiutare di andare in classe, sfuggire ai compagni o ai parenti, pensieri di morte o di suicidio
- capacità cognitive: per esempio, difficoltà di concentrazione, diminuzione dell'esecuzione scolastica, cambiamenti nei voti
- design del sonno: per esempio, difficoltà a riposare o sonnecchiare eccessivamente
- prosperità fisica: per esempio, perdita di vitalità, problemi di stomaco, cambiamenti nella fame, riduzione o aggiunta di peso

CONDIZIONI CHE PEGGIORANO A CAUSA DELLA DEPRESSIONE

Ecco le condizioni che possono peggiorare a causa della depressione: artrite, asma, malattie cardiovascolari, cancro, diabete e obesità.

Artrite

L'artrite è un aggravamento delle articolazioni. Può influenzare un solo osso o varie articolazioni. Ci sono più di 100 tipi unici di dolori articolari, con molteplici cause e tecniche di trattamento. Due dei tipi più conosciuti sono l'osteoartrite (OA) e l'infiammazione reumatoide delle articolazioni (chiamata anche artrite reumatoide (RA).

Gli effetti collaterali dell'infiammazione articolare, di regola, si creano dopo qualche tempo, ma possono anche comparire dal nulla. L'infiammazione delle articolazioni si trova generalmente negli adulti oltre i 65 anni, ma può colpire anche bambini, adolescenti e adulti. Il dolore alle articolazioni è più tipico nelle donne che negli uomini e negli individui che sono in sovrappeso.

Tipi di artrite

L'osteoartrite (OA) è un tipo di malattia comune che risulta dalla rottura del legamento dell'articolazione e dell'osso nascosto. Le indicazioni più ampiamente riconosciute sono i dolori articolari e la fermezza. Di solito, i segni progrediscono gradualmente nel corso degli anni.

Il dolore articolare reumatoide è un'infezione del sistema immunitario a lungo termine, dinamica e invalidante. Causa irritazione, crescita e dolori dentro e intorno alle articolazioni e ad altri organi del corpo.

L'infiammazione reumatoide delle articolazioni, per la maggior parte, influenza prima le mani e i piedi, ma può avvenire in qualsiasi articolazione. Di regola, comprende articolazioni simili sui due lati del corpo.

Le indicazioni di base comprendono le articolazioni rigide, in particolare dopo aver trovato un ritmo di lavoro mattutino o sulla scia di un'immersione per qualche tempo. Alcune persone sperimentano spesso debolezza e un sentimento generale di malessere.

Provoca l'infiammazione delle articolazioni

Un legamento è un tessuto connettivo solido ma adattabile nelle tue articolazioni. Assicura le articolazioni assorbendo il peso e lo stordimento fatto quando ci si muove e si fa pressione su di esse. Una diminuzione della misura standard di questo tessuto legamentoso causa alcuni tipi di infiammazioni articolari.

Il chilometraggio tipico causa l'OA, uno dei tipi di dolore articolare più conosciuti. Contaminazioni o lesioni alle articolazioni possono intensificare questa normale rottura del tessuto legamentoso. Il tuo pericolo di creare l'OA potrebbe essere più alto nella remota possibilità che tu abbia un'ascendenza familiare di questo disturbo.

Un altro tipo regolare di infiammazione articolare, l'AR, è un disturbo del sistema immunitario. Succede quando la struttura invulnerabile del tuo corpo attacca i tessuti del corpo. Queste aggressioni influenzano la sinovia, un tessuto delicato nelle tue articolazioni che fornisce un liquido che alimenta il legamento e lubrifica le ossa.

L'AR è una malattia della sinovia che attacca e decima un'articolazione. Può, alla fine, portare alla polverizzazione sia dell'osso che del legamento all'interno dell'articolazione.

La ragione specifica degli assalti del quadro resistente è oscura. Tuttavia, i ricercatori hanno trovato dei marcatori genetici che espandono il pericolo di creare RA di cinque volte.

Le indicazioni del dolore articolare

Dolori articolari, solidità e crescita sono gli effetti collaterali più ampiamente riconosciuti dell'infiammazione articolare. La tua capacità di movimento può anche diminuire e puoi incontrare arrossamenti della pelle intorno all'articolazione. Numerosi individui con infiammazioni articolari notano che i loro effetti collaterali sono più terribili verso l'inizio della giornata.

A causa dell'AR, puoi sentirti stanco, o sperimentare la perdita di desiderio a causa dell'irritazione causata dal movimento del quadro resistente. Si può anche diventare fragili - il che significa che il controllo delle piastrine rosse diminuisce - o avere una leggera febbre. Una RA grave può causare distorsioni alle articolazioni se non viene trattata.

Asma

L'asma è una malattia a lungo termine dei polmoni. Potresti sentire il tuo PCP considerarla una malattia respiratoria persistente. Fa sì che le tue vie aeree si eccitino e si assottiglino e rende la respirazione fastidiosa. L'hacking, il respiro sibilante, la brevità del respiro e la sensazione di fastidio al petto sono indicazioni esemplari dell'asma.

I componenti dell'asma includono:

- Genetica: Se un genitore ha l'asma, sei destinato a crearla.
- Storia di contaminazioni virali: Gli individui con un background segnato da malattie virali durante la gioventù sono destinati ad accumulare la condizione.
- Teoria dell'igiene: Questa speculazione suggerisce che i bambini non sono presentati a abbastanza microbi nei loro primi mesi e anni. Di conseguenza, i loro quadri sicuri non sono sufficientemente in grado di difendersi dall'asma e da altre condizioni.
- Presentazione precoce degli allergeni: Visitare il contatto con potenziali allergeni e aggravamenti può espandere il rischio di creare asma.

Effetti collaterali dell'asma

- Malattia: Le malattie respiratorie, per esempio, il virus del raffreddore di questa stagione e la polmonite possono scatenare attacchi d'asma.

- Esercizio: Lo sviluppo espanso può rendere la respirazione progressivamente fastidiosa.
- Irritanti che si notano dappertutto: Gli individui con l'asma potrebbero essere suscettibili alle aggravanti, per esempio, gli scarichi sintetici, i profumi solidi e il fumo.

- Allergeni: Forfora di animali, parassiti e polvere sono solo un paio di esempi di allergeni che possono scatenare effetti collaterali.
- Condizioni climatiche estreme: per esempio, l'alta umidità o le basse temperature possono scatenare l'asma.
- Emozioni: Urlare, ridacchiare e piangere possono scatenare un'aggressione.

Malattia cardiovascolare

La malattia cardiovascolare, altrimenti chiamata malattia del cuore, è la prima fonte di morte sul pianeta attualmente, come indicato dai Centri per il controllo e la prevenzione delle malattie (CDCP). Nel mondo, 1 su ogni quattro morti è la conseguenza di una malattia coronarica. Questo è circa 610.000 individui che ogni anno tirano le cuoia dalla condizione.

La malattia coronarica non si separa. È la principale fonte di morte per alcune popolazioni, tra cui caucasici, ispanici e afroamericani. Praticamente il 50% degli americani sono in pericolo di malattia coronarica, e i numeri sono in aumento.

Mentre la malattia coronarica può essere distruttiva, è anche prevenibile nella grande maggioranza. Abbracciando presto uno stile di vita affidabile, si può vivere più a lungo con un cuore più vantaggioso o sano.

Sintomi della malattia cardiovascolare

Le indicazioni delle malattie cardiovascolari possono essere diverse per le persone. Per esempio, gli uomini sono destinati ad avere dolori al petto; le donne sono destinate ad avere diversi effetti collaterali oltre al disagio al petto, per esempio, la brevità del respiro, la nausea e la stanchezza straordinaria.

Gli effetti collaterali possono includere:

- Dolori al petto, sensazione di fastidio al petto, peso al petto e disagio al petto (angina)
- Respiro corto
- Dolore, mancanza o brivido nelle gambe o nelle braccia se le vene in quelle parti del corpo sono limitate
- Dolore al collo, alla mascella, alla gola, alla parte superiore dello stomaco o alla schiena

Cancro

Il cancro è un insieme di malattie che includono uno sviluppo cellulare irregolare con la possibilità di attaccare o diffondersi in diverse parti del corpo. Questi si distinguono dai tumori amabili, che non si diffondono.

La depressione è molto regolare negli individui che convivono con la crescita maligna. Come indicato dall'American Cancer Society, circa 1 su 4 individui con la malattia hanno una depressione clinica.

La depressione clinica inoltre riferita appena come il disordine gravoso maggiore (MDD), è un disordine psicologico descritto da in ogni caso due settimane di umore basso che è disponibile attraverso la maggior parte delle circostanze.

Una parte dei segni che la crescita maligna può causare include:

- Modifiche al seno
- Un nodulo o una forte inclinazione nel seno o sotto il braccio
- Cambio o rilascio del capezzolo
- Pelle che è fastidiosa, rossa, stratificata, con fossette o pieghe
- Cambiamenti della vescica
- Problemi con la pipì
- Dolore durante la pipì

- Sangue nella pipì
- Drenaggio o ferita, senza una spiegazione nota

Cambiamenti delle interiora

- Sangue nelle feci
- Cambiamenti nelle propensioni al trascinamento
- Hack o ruvidità che non lascia
- Problemi alimentari
- Dolore dopo aver mangiato (reflusso acido o bruciore di stomaco che non va)
- Problemi a deglutire
- Dolori di pancia
- Nausea e vomito
- Cambiamenti nell'appetito
- Esaurimento estremo e duraturo
- Febbre o sudorazione notturna senza spiegazione nota

Cambiamenti nella bocca

- Una correzione bianca o rossa sulla lingua o nella bocca
- Sanguinamento e dolore nel labbro o nella bocca

Problemi neurologici

- Mal di testa
- Convulsioni
- Cambiamenti nella visione
- Modifiche all'udito
- Caduta del viso

Cambiamenti della pelle

- Una protuberanza sfumata di tessuto che drena o gira a strati
- Un nuovo neo o un aggiustamento di un neo attuale
- Una piaga che non recupera
- Ittero (ingiallimento della pelle e del bianco degli occhi)
- Crescita o protuberanze in qualsiasi punto, per esempio, nel collo, nelle ascelle, nello stomaco e nell'inguine
- mettere su o ridurre il peso senza una spiegazione nota

Cambiamenti della vescica

- Problemi di minzione
- Dolore durante la minzione
- Sangue nelle urine

Drenaggio o ferita, senza una spiegazione nota

Cambiamenti intestinali

- Sangue nelle feci
- cerniere nelle propensioni intestinali

Hack o secchezza che non lascia

Problemi alimentari

- Dolore dopo aver mangiato (reflusso acido o bruciore di stomaco che non va)
- Problemi a deglutire
- Tormento della pancia
- Nausea e vomito
- Cambiamenti nell'appetito
- Debolezza che è estrema e continua
- Febbre o sudorazione notturna senza spiegazione nota

Problemi neurologici

- Mal di testa
- Convulsioni
- Cambiamenti nella visione
- Modifiche all'udito
- Caduta del viso

5.**Il diabete mellito**, ordinariamente conosciuto come diabete, è un'infezione metabolica che causa un alto livello di glucosio. L'ormone insulina sposta lo zucchero dal sangue alle cellule per essere messo via o utilizzato per la vitalità. Con il diabete, il tuo corpo non produce abbastanza insulina o non può usare con successo l'insulina che produce.

Il glucosio alto non trattato dal diabete può danneggiare i nervi, gli occhi, i reni e altri organi.

Ci sono un paio di tipi diversi di diabete:

Diabete di tipo 1: è un'infezione del sistema immunitario. Il quadro insuscettibile aggredisce e annienta le cellule del pancreas, dove si produce l'insulina. Non è chiaro quali siano le cause di questo attacco. Circa il 10% degli individui con diabete hanno questo tipo.

Diabete di tipo 2: avviene quando il tuo corpo diventa insensibile all'insulina, e lo zucchero si sviluppa nel sangue.

Il **pre-diabete** si verifica quando il tuo glucosio è più alto del normale; tuttavia, non è sufficientemente alto per una conclusione di diabete di tipo 2.

Diabete gestazionale: questo risultato di glucosio elevato durante la gravidanza - gli ormoni che bloccano l'insulina creati dalla placenta causano questo tipo di diabete.

I sintomi generali del diabete includono:

- aumento della fame
- aumento della sete
- sfortuna del peso
- pipì frequente
- visione sfocata
- esaurimento estremo
- piaghe che non recuperano

Obesità: Si tratta di un disturbo in cui il rapporto tra abbondanza di muscoli e grasso si è accumulato al punto che potrebbe influire negativamente sulla salute. Le persone sono comunemente considerate grasse quando il loro file di peso (BMI), una stima acquisita isolando il carico di un individuo per il quadrato della statura dell'individuo, è più di 30 kg/m2; la gamma 25-30 kg/m2 è caratterizzata come sovrappeso. Alcune nazioni dell'Asia orientale usano stime più basse. L'obesità migliora la probabilità di diversi disturbi e condizioni, specialmente infezioni cardiovascolari, diabete di tipo 2, apnea ostruttiva, particolari tipi di crescita maligna, osteoartrite e tristezza.

L'obesità è una piaga nel mondo. Questa condizione mette gli individui ad un rischio maggiore per le malattie vere e proprie. Inoltre, secondo i Centers for Disease Control and Prevention (CDCP) "I fattori, per esempio l'età, il sesso, l'etnia e la massa possono influenzare la connessione tra il BMI (Body Mass Index) e i muscoli rispetto al grasso. Inoltre, l'IMC non riconosce la sovrabbondanza di massa grassa, muscolare o ossea, né dà alcun segno del trasporto di grasso tra le persone".

Cause dell'obesità

Mangiare un numero di calorie superiore a quello che si consuma nel movimento quotidiano e nell'esercizio fisico (su una premessa a lungo termine) causa l'obesità. Dopo un po' di tempo, queste calorie aggiuntive includono e causano l'aumento di peso.

Le ragioni esplicite regolari dell'obesità includono:

- mangiando una routine alimentare meno che stellare di nutrimenti ad alto contenuto di grassi e calorie
- Avere uno stile di vita stazionario (dormiente).
- Non stavi dormendo abbastanza, il che può indurre cambiamenti ormonali che ti fanno sentire più affamato e desiderare certi nutrimenti malsani.
- La genetica, che può influenzare il modo in cui il tuo corpo trasforma il nutrimento in vitalità e come il grasso viene messo via.
- Crescere più stagionato, il che può indurre una minore massa e un tasso metabolico più lento, rendendo più semplice mettere su peso.
- Gravidanza (il peso preso durante la gravidanza può essere difficile da perdere e può inevitabilmente provocare l'obesità).

Anche disturbi specifici possono indurre un aumento di peso. Questi includono:

- disturbo dell'ovaio policistico: una condizione che causa un imbarazzo degli ormoni rigenerativi femminili
- Disturbo di Prader-Willi: una condizione non comune con cui un individuo viene messo al mondo e che crea un desiderio irragionevole
- Disturbo di Cushing: una condizione causata dall'avere una misura non necessaria dell'ormone corticale nel vostro quadro
- ipotiroidismo (tiroide sottoattiva): una situazione in cui l'organo tiroideo non fornisce abbastanza di alcuni ormoni significativi
- l'osteoartrite (e altre condizioni che causano tormenti che possono indurre all'ozio).

Sintomi dell'obesità

Anche se l'aumento di un paio di chili in più può sembrare senza dubbio poco importante, l'aggiunta di peso può rapidamente aumentare fino a diventare un vero e proprio disturbo.

Gli effetti collaterali dell'obesità possono contrariamente influenzare la vita quotidiana. Per gli adulti, alcuni sintomi includono:

- Eccesso di muscoli rispetto all'accumulo di grasso (specialmente intorno al tronco centrale)
- Respiro corto
- Sudorazione (più del previsto)
- Russare
- Problemi a sonnecchiare
- Problemi di pelle (dall'umidità che si raccoglie nelle pieghe della pelle)
- Incapacità di eseguire compiti fisici semplici (che si potevano eseguire senza troppa fatica prima dell'aumento di peso)
- Fatica (da leggera a straordinaria)
- Dolore (generalmente nella schiena e nelle articolazioni)
- Oscillazione psicologica (fiducia negativa, tristezza, disgrazia, isolamento sociale)
- Problema di alimentazione

- Depositi di tessuto adiposo (potrebbe essere percepibile nella regione del seno)
- La comparsa di macchie di stiramento sui fianchi e sulla schiena
- Acanthosis nigricans (pelle spenta e liscia intorno al collo e in diverse aree)
- Respiro corto con l'azione fisica
- Apnea del sonno
- Costipazione
- Reflusso gastrointestinale
- Scarsa fiducia
- Adolescenza precoce nelle giovani donne/pubescenza ritardata nei giovani uomini
- Problemi ortopedici, (per esempio, piedi piatti o anche disgiunte)

CAPITOLO TERZO

UNA GUIDA COMPLETA AL CAMBIAMENTO MENTALE E AL RECUPERO DALL'ANSIA

La mindfulness implica mantenere l'attenzione minuto per minuto ai nostri pensieri, sentimenti, sensazioni sostanziali e condizione generale, attraverso un punto focale delicato e di sostegno.

La mindfulness include inoltre il riconoscimento, il che implica che ci concentriamo sui nostri pensieri e sentimenti senza decidere tra loro - senza accettare, per esempio, che c'è un approccio "giusto" o "sbagliato" per pensare o sentire in un dato minuto. Nel momento in cui pratichiamo la mindfulness, i nostri pensieri si sintonizzano su ciò che stiamo rilevando in questo momento invece di ripetere il passato o immaginare ciò che verrà.

BENEFICI DELLA MINDFULNESS

La mindfulness migliora il benessere.

Espandere la vostra capacità di consapevolezza rafforza numerose prospettive che si aggiungono a una vita soddisfacente. Essere attenti rende più semplice assaporare le delizie della vita mentre accadono, fa sì che ci si occupi interamente degli esercizi, e rende più notevole la capacità di gestire le occasioni sfavorevoli. Concentrandosi sul tempo e sul luogo presente, numerosi individui che praticano la mindfulness trovano che sono meno inclini a farsi coinvolgere da stress sul futuro o da lamenti sul passato, sono meno distratti da preoccupazioni sul progresso e sulla fiducia, e sono più pronti a formare associazioni profonde con gli altri.

La mindfulness migliora la salute fisica.

Nel caso in cui il benessere più importante non sia una forza motivante sufficiente, i ricercatori hanno scoperto che le strategie di mindfulness aiutano a migliorare la salute fisica in vari modi. La mindfulness può: aiutare a calmare lo stress, trattare le malattie coronariche, abbassare lo sforzo circolatorio, diminuire il dolore incessante, migliorare il riposo e mitigare i problemi gastrointestinali.

La mindfulness migliora la salute mentale.

Ultimamente, gli psicoterapeuti sono passati alla contemplazione della consapevolezza come componente significativa nel trattamento di vari problemi, tra cui la malinconia, l'abuso di sostanze, i problemi di alimentazione, le controversie di coppia, il problema dell'ansia e il problema dell'entusiasmo eccessivo.

Gli analisti hanno scoperto che l'IBMT (preparazione integrativa corpo-mente) avvia i necessari cambiamenti positivi nel cervello che potrebbero aiutare a proteggere dalle malattie mentali. L'atto di questo sistema aiuta a sostenere la produttività di una parte della mente che assiste gli individui nella gestione della condotta.

La mindfulness alleggerisce un po' di stress.

Dal momento che gli individui sono confrontati con una misura crescente di peso al giorno d'oggi a causa dell'idea imprevedibile del nostro pubblico generale, sono spesso tormentati da una grande quantità di stress. Questo si aggiunge a un vasto assortimento di altri problemi di salute. La mindfulness può diminuire lo stress come misura precauzionale e aiutare gli individui a superare le occasioni difficili.

La mindfulness fa progredire la flessibilità cognitiva.

Un esame raccomanda che non solo la mindfulness aiuterà gli individui a diventare meno ricettivi; inoltre può dare agli individui sempre più flessibilità cognitiva. Gli individui che praticano la mindfulness danno l'impressione di essere pronti anche a provare l'auto-percezione, che separa naturalmente i percorsi fatti nel cervello dall'apprendimento precedente, e permette che i dati che sono in corso in questo momento siano compresi in un altro modo.

La mindfulness rende più felici le relazioni.

Gli analisti sono ancora incerto questo funziona, ma cerebrale crescente considera hanno dimostrato che gli individui che prendono parte in mindfulness tutto il tempo mostrano cambiamenti strutturali e funzionali nelle aree della mente che sono collegati a aggiornato simpatia, empatia e considerazione.

La consapevolezza diminuisce l'ansia.

La ricerca ha scoperto che la mindfulness è particolarmente utile per diminuire l'ansia. Provare la mindfulness di solito aiuta a rinnovare il tuo cerebro in modo da poter mettere insieme la tua considerazione. Invece di seguire un pensiero negativo e stressante per ogni risultato immaginabile, puoi capire come percepire la verità sui tuoi sentimenti e lasciarli andare.

La mindfulness migliora il sonno.

La reazione di rilassamento che il tuo corpo ha bisogno della riflessione sulla consapevolezza è un notevole inverso della reazione di stress. Questa reazione di distensione tenta di alleviare molti problemi di salute legati allo stress, per esempio, il dolore, la disperazione e l'ipertensione. I problemi di riposo sono spesso legati a queste afflizioni.

La mindfulness dà sollievo al dolore.

Circa 100 milioni di americani sperimentano ogni giorno gli effetti negativi del dolore costante; tuttavia, dal 40% al 70% di questi individui non accettano un trattamento clinico adeguato. Numerosi esami hanno dimostrato che la contemplazione della mindfulness può diminuire il dolore senza utilizzare i quadri narcotici endogeni che sono tipicamente permessi per diminuire il dolore durante le procedure basate sulla cognitività come la mindfulness

CAPITOLO QUATTRO
ANXIETY

Noi, nel nostro insieme, incontriamo l'ansia; è uno stato umano naturale e un elemento cruciale della nostra vita. L'ansia ci incoraggia a distinguere e a reagire al pericolo in modalità 'battaglia o fuga'. Può spronarci ad affrontare la gestione di difficoltà fastidiose. La misura "perfetta" dell'ansia può aiutarci a svolgere una migliore e animata attività e innovatività.

Sia come sia, c'è un altro lato dell'ansia. L'ansia instancabile provoca un'autentica angoscia passionale e può indurci a stare male e, anche nelle condizioni meno favorevoli, a creare problemi di ansia, per esempio, assalti di allarme, paure e pratiche di fissazione. L'ansia a questo livello può avere un effetto veramente angosciante e indebolente sulla nostra vita e un impatto sul nostro fisico così come sulla nostra salute mentale.

L'ansia è uno dei problemi di salute mentale più riconosciuti sul pianeta, ed è in espansione. Tuttavia, rimane sotto-dettagliata, sotto-analizzata e sotto-trattata. Una buona capacità di adattarsi all'ansia è fondamentale per resistere anche a qualsiasi cosa la vita ci lanci addosso. Ciononostante, incontrarla all'estremo o una volta dopo l'altra implica la possibilità di essere sopraffatti, incapaci di scoprire l'equilibrio nella nostra vita o di rilassarsi e recuperare. La nostra capacità di trovare una certa armonia interiore non è mai stata progressivamente imperativa per il nostro benessere.

Tutti incontrano l'ansia. Sia come sia, quando sentimenti di estrema paura e angoscia sono opprimenti e ci impediscono di fare le cose ordinarie.

Tutti hanno sentimenti di ansia prima o poi nella loro vita, indipendentemente dal fatto che sia legata alla preparazione di un incontro con un potenziale dipendente, all'incontro con la famiglia di un complice solo perché, o alla possibilità di diventare genitori. Mentre associamo l'ansia alle modifiche del nostro stato mentale, sperimentate come stress o trepidazione, e ai segni fisici, per esempio, l'aumento del polso e dell'adrenalina, comprendiamo anche che probabilmente ci influenzerà solo brevemente fino a quando la fonte della nostra ansia sarà passata o avremo capito come adattarci ad essa. L'ansia è in questo modo uno dei sentimenti che serve la capacità positiva di renderci consapevoli delle cose che potremmo aver bisogno di sottolineare: situazioni possibilmente non sicure. A maggior ragione, questi sentimenti ci aiutano a valutare i potenziali pericoli e a reagire in modo adeguato, magari stimolando i nostri riflessi o concentrandoci.

L'**ansia** è una parola che usiamo per descrivere sentimenti di inquietudine, stress e paura. Consolida sia i sentimenti che le sensazioni fisiche che possiamo incontrare quando siamo stressati o apprensivi per qualcosa. Anche se di solito pensiamo che sia sgradevole, l'ansia si identifica con la reazione 'battaglia o fuga' - la nostra tipica risposta organica al sentirci compromessi.

SINTOMI DI ANSIA

Proprio come con qualsiasi comportamento disfunzionale, gli individui con problemi d'ansia sperimentano le indicazioni in modo inaspettato. Sia come sia, per la stragrande maggioranza, l'ansia cambia il modo di lavorare quotidiano. Gli individui possono incontrare almeno uno degli effetti collaterali che li accompagnano:

Preoccupazione eccessiva

Una delle indicazioni più ampiamente riconosciute di un problema di ansia è l'eccessiva preoccupazione.

La preoccupazione legata al problema dell'ansia è sbilanciata verso le occasioni che la scatenano e avviene regolarmente alla luce di circostanze ordinarie e regolari.

Preoccuparsi è pericoloso e fastidioso, rende difficile pensare e realizzare le imprese quotidiane.

Gli individui più giovani di 65 anni sono al pericolo più degno di nota di problema di ansia riassunto, particolarmente gli individui soli, hanno una condizione finanziaria più bassa ed hanno numerosi stressors di vita

Sentirsi agitato

Nel momento in cui qualcuno si sente al limite, una parte del suo sistema sensoriale riflessivo va in sovraccarico.

Questo inizia un corso di impatti in tutto il corpo, per esempio, un battito accelerato, palmi bagnati di sudore, mani capricciose e bocca secca.

Questi effetti collaterali accadono perché il tuo cervello crede che tu abbia individuato un rischio, e sta impostando il tuo corpo per rispondere al pericolo.

Il tuo corpo sposta il sangue dal tuo quadro relativo allo stomaco e verso i tuoi muscoli nel caso in cui tu debba correre o combattere. Costruisce anche il tuo polso ed eleva le tue facoltà.

Mentre questi impatti sarebbero utili per un rischio reale, possono essere debilitanti se la paura è tutta nella vostra mente.

Alcuni esami propongono anche che gli individui con problemi di ansia non sono pronti a diminuire la loro eccitazione così velocemente come gli individui senza problemi di ansia, il che implica che possono sentire gli impatti dell'ansia per un periodo di tempo più lungo.

Irrequietezza

L'irrequietezza è un'altra indicazione regolare dell'ansia, in particolare nei bambini e nei ragazzi.

Nel momento in cui qualcuno incontra l'inquietudine, la descrive regolarmente come una sensazione di "tensione" o una "goffa inclinazione a muoversi".

Un'indagine su 128 bambini determinati ad avere un problema d'ansia ha scoperto che il 74% ha rivelato l'irrequietezza come una delle loro principali indicazioni d'ansia.

Fatica

Risultare effettivamente affaticato è un altro potenziale effetto collaterale di un problema d'ansia riassunto.

Questo effetto collaterale può essere sorprendente per alcuni, poiché l'ansia è regolarmente collegata all'iperattività o all'eccitazione.

Per alcuni, la stanchezza può seguire un attacco d'ansia, mentre per altre persone, la stanchezza può essere cronica.

Difficoltà di concentrazione

Numerosi individui con ansia riferiscono di avere problemi di concentrazione.

Alcuni esami mostrano che l'ansia può intromettersi nella memoria di lavoro, una sorta di memoria responsabile della conservazione dei dati momentanei. Questo può aiutare a chiarire il declino emotivo nell'esecuzione che gli individui sperimentano frequentemente durante i periodi di alta ansia.

Attacchi di panico

Un tipo di problema d'ansia chiamato problema di panico è legato a ripetuti attacchi di panico.

Gli attacchi di panico producono un'impressione di paura estrema e opprimente che può essere debilitante.

Questa paura estrema è regolarmente accompagnata da battito cardiaco accelerato, sudorazione, tremore e brevità del respiro, senso di fastidio al petto, nausea e ansia di mordere la polvere o di perdere il controllo.

Gli attacchi di panico possono verificarsi in segregazione; tuttavia, se accadono di tanto in tanto e improvvisamente, potrebbero essere un'indicazione di un problema di panico.

Mantenere una distanza strategica dalle situazioni sociali

Gli individui con ansia sociale possono mostrarsi incredibilmente timidi e calmi nelle riunioni o quando incontrano nuovi individui. Anche se non sembrano sconvolti esteriormente, dentro di loro provano una paura e un'ansia straordinarie.

Questo distacco può di tanto in tanto far sembrare gli individui con ansia sociale vanagloriosi o scostante; tuttavia, l'agitazione è legata alla bassa fiducia, all'alta autoanalisi e allo scoraggiamento.

Potresti mostrare indicazioni di un problema di ansia sociale se ti capita:

- Sentirsi sul filo del rasoio o timoroso per le circostanze sociali imminenti
- Preoccupato di essere giudicato o esaminato dagli altri
- Paura di essere umiliato o imbarazzato davanti agli altri
- Evitare incontri specifici alla luce di queste paure

Paure irrazionali

Paure irragionevoli di cose specifiche, per esempio, striscianti, spazi ingabbiati o statuette, potrebbero essere un'indicazione di paura.

La paura è caratterizzata da un'eccessiva ansia o preoccupazione per un particolare oggetto o circostanza. Il sentimento è abbastanza serio da interferire con la vostra capacità di lavorare normalmente.

TIPI DI DISTURBO D'ANSIA

I disturbi d'ansia hanno diverse indicazioni o sintomi. Questo implica inoltre che ogni tipo di ansia ha il suo piano di trattamento. Il problema di nervosismo più ampiamente riconosciuto include:

- **Disturbo da attacchi di panico**
  Il disturbo di panico è un sentimento inaspettato di terrore; colpisce improvvisamente senza preavviso. effetti collaterali fisici tra cui dolori al petto, palpitazioni cardiache, instabilità, la brevità del respiro e disturbi allo stomaco.
- **Fobie**
  La stragrande maggioranza delle persone con paure esplicite ha alcuni fattori scatenanti. Per evitare il

congelamento, qualcuno con paure comprensibili si sforzerà di stare lontano dai loro fattori scatenanti. A seconda del tipo e del numero di fattori scatenanti, questa paura e il tentativo di controllarla possono sembrare assumere il controllo della vita di un individuo.

- **Disturbo d'ansia generalizzato (GAD)**

    Il GAD produce un'agonia incessante, esagerata, sulla regolare esistenza quotidiana. Questo può divorare ore ogni giorno, rendendo difficile concentrarsi o finire i compiti di routine giorno per giorno. Un individuo con GAD può essere impoverito dallo stress e sperimentare emicranie, pressione o nausea.

- **Disturbo d'ansia sociale**

    In contrasto con la modestia, questo disturbo provoca una paura straordinaria, regolarmente determinata da stress irragionevoli sull'imbarazzo sociale "dire qualcosa di idiota" o "non riconoscere cosa dichiarare". Qualcuno con un disturbo d'ansia sociale può passare le discussioni, aggiungere alle conversazioni di classe, o offrire i propri pensieri, e può appartarsi. L'adattamento degli effetti collaterali dell'ansia è una risposta tipica.

- **Disturbo ossessivo-compulsivo**

  Ossessivo: Considerazioni, pensieri, motivazioni o immagini costanti che sono fastidiose e sbagliate e che causano ansia o angoscia controllate. Le persone con fissazioni di regola si sforzano di ignorare o soffocare tali riflessioni o forze motrici o di equilibrarle con contemplazioni o attività diverse (impulsi).

  Compulsivo: Pratiche ripetitive, (per esempio, lavarsi le mani, richiedere o controllare) o atti mentali, (per esempio, supplicare, contare o ripetere parole) che avvengono per fissazione o in modo formale.

- **Disturbo da stress post-traumatico**

  Questo allude ai Flashback, alle riflessioni e ai ricordi fissi e sorprendenti, all'indignazione o alla permalosità alla luce di un coinvolgimento spaventoso con il quale è accaduto o compromesso un misfatto fisico, per esempio, (aggressione, abuso infantile, guerra o evento catastrofico).

CAUSE DEL DISTURBO D'ANSIA

I ricercatori accettano che numerosi componenti si consolidano per causare i disturbi d'ansia:

- Genetica

Alcune famiglie avranno una quantità superiore al ragionevole di individui che incontrano problemi d'ansia, e gli studi rafforzano la prova che i disturbi d'ansia corrono nelle famiglie o sono ereditari. Questo può essere un fattore nella formazione di un disturbo d'ansia.

- Stress

Una circostanza stressante o traumatica, per esempio, un abuso, la morte di un amico o di un membro della famiglia, una ferita o una malattia ritardata è regolarmente collegata al miglioramento di un disturbo d'ansia

IMPATTI DELL'ANSIA SUL CORPO

L'ansia può creare numerosi tumulti nel vostro corpo mentre si prepara al pericolo. Queste sensazioni sono conosciute come la "risposta di cautela", che avviene quando il normale sistema di allarme del corpo (la reazione "battaglia-fuga-congelamento") è stato messo in atto.

Battito cardiaco rapido e respirazione veloce - Quando il tuo corpo si sta preparando per un'attività, si assicura che il sangue e l'ossigeno vengano convogliati a sufficienza ai tuoi gruppi muscolari significativi e agli organi essenziali, permettendoti di fuggire o allontanare la minaccia.

Sudare - La sudorazione raffredda il corpo. Allo stesso modo, rende la pelle sempre più insidiosa e difficile da afferrare per una creatura o un individuo aggressore.

Nausea e disturbi allo stomaco - Di fronte a una minaccia, il corpo chiude i quadri/forme che non sono necessari per la resistenza; in questo modo, può guidare la vitalità verso le capacità che sono fondamentali per la tolleranza. L'assimilazione è una delle procedure che non è necessaria in occasione del rischio. Su questa linea, l'ansia può indurre sentimenti di mal di stomaco, malattia o perdita di intestino.

Sensazione di discombussolamento o stanchezza - Perché il nostro sangue e l'ossigeno vanno a gruppi muscolari significativi quando siamo in pericolo; inspiriamo molto più velocemente per spingere l'ossigeno verso quei muscoli. Sia come sia, questa reazione può causare iperventilazione (un sacco di ossigeno dalla respirazione rapida per impostare il corpo per l'attività), che può causare di sentirsi confuso o instabile. Allo stesso modo, dato che la maggior parte del sangue e dell'ossigeno si sta dirigendo verso le braccia e le gambe (per la "battaglia o la fuga"), c'è una leggera diminuzione del sangue al cervello, che può anche rendere gli occhi stanchi. Cerca di non stressarti, comunque: la leggera riduzione del flusso di sangue alla mente non è in alcun modo pericolosa.

Torace teso o agonizzante - I tuoi muscoli si preoccupano mentre il tuo corpo si prepara al rischio. Così il tuo petto può sentirsi stretto o difficile quando prendi enormi respiri mentre quei muscoli del petto sono tesi.

Sensazioni di intorpidimento/rumore **e brividi** - L'iperventilazione (prendere in eccesso di ossigeno) può anche creare intorpidimento e brividi. Le sensazioni di brivido possono anche essere identificate con il modo in cui i peli sul nostro corpo si alzano regolarmente di fronte al rischio per costruire la nostra affettività al contatto o allo sviluppo. Infine, le dita delle mani e dei piedi possono anche sentirsi intorpidite/intorpidite perché il sangue scorre da luoghi dove non è necessario (come le nostre dita) e verso gruppi di muscoli significativi che sono necessari (come le nostre braccia).

La pesantezza delle gambe - Come le gambe pianificano l'attività (battaglia o volo), la pressione muscolare espansa, così come il flusso di sangue espanso a quei muscoli, può creare il frastuono di gambe sostanziali.

Sensazioni di soffocamento o strangolamento - L'aumento della pressione muscolare intorno al collo o la respirazione veloce asciugano la gola, il che può causare la sensazione di avere conati di vomito.

Vampate calde e fredde - Queste sensazioni potrebbero essere identificate con la sudorazione e il restringimento delle vene nello strato superiore della pelle. Questo restringimento aiuta anche a diminuire la perdita di sangue in caso di danni.

Sistema nervoso centrale

L'ansia a lungo termine e le crisi di stress possono far sì che il tuo cervello scarichi ormoni della pressione in continuazione. Questo può espandere la ricorrenza di effetti collaterali, per esempio, dolori cerebrali, instabilità e scoraggiamento.

Nel momento in cui ti sei sentito al limite e concentrato, il tuo cervello inonda il tuo sistema nervoso con ormoni e composti sintetici destinati ad aiutarti a reagire a un rischio. L'adrenalina e il cortisolo sono due modelli.

Mentre il supporto per l'occasione periodica di alto stress, l'introduzione a lungo termine di ormoni stretch può essere progressivamente dannoso per il vostro benessere fisico a lungo termine. Per esempio, l'introduzione a lungo termine di corticali può portare ad un aumento di peso.

Sistema cardiovascolare

I disturbi d'ansia possono causare polso veloce, palpitazioni e dolori al petto. Si può anche essere in un pericolo ampliato di ipertensione e malattia coronarica. Se hai già una malattia coronarica, i disturbi d'ansia possono aumentare la minaccia di occasioni coronariche.

Sistemi escretori e legati allo stomaco

L'ansia influenza anche il sistema escretore e quello dello stomaco. Si può avere mal di stomaco, nausea, allentamento dell'intestino e altri problemi legati allo stomaco. Anche la perdita di desiderio può accadere.

Ci potrebbe essere un'associazione tra i disturbi d'ansia e l'avanzamento del disordine interno fragile (IBS) dopo una malattia dell'intestino. L'IBS può causare ritenzione, le corse, o l'intasamento.

Il sistema resistente o immunitario

L'ansia può innescare la reazione di pressione di volo o di battaglia e scaricare un'ondata di intrugli sintetici e ormoni, simili all'adrenalina, nel vostro sistema.

Per il momento, questo aumenta il tuo battito cardiaco e la frequenza respiratoria, in modo che la tua mente possa ricevere più ossigeno. Questo ti prepara a reagire adeguatamente a una circostanza eccezionale. Il tuo sistema di sicurezza può anche ottenere un breve sollevamento. Con una pressione infrequente, il tuo corpo torna a funzionare normalmente quando la pressione passa.

Nella remota possibilità che vi sentiate sempre al limite e concentrati o che continui per un bel po', il vostro corpo non riceve mai il segno di tornare a lavorare in modo tipico. Questo può debilitare il vostro sistema immunitario, lasciandovi sempre più indifesi contro le malattie virali e i disturbi incessanti. Allo stesso modo, i vostri anticorpi ordinari potrebbero non funzionare anche nel caso in cui abbiate l'ansia.

Sistema respiratorio

L'ansia provoca un rilassamento rapido e superficiale. Se avete una costante infezione ostruttiva dell'apparato respiratorio, potreste essere ad un rischio maggiore di ospedalizzazione a causa di inconvenienti legati all'ansia. L'ansia può anche esacerbare i segni dell'asma.

altri impatti

Il disturbo d'ansia può causare diverse indicazioni, tra cui:

- Mal di testa
- pressione muscolare
- insonnia
- depressione
- confinamento sociale

Se hai il PTSD (disturbo post-traumatico da stress), potresti avere dei flashback, ricordando un'esperienza traumatica occasionalmente. Altri effetti collaterali includono privazione del sonno, brutti sogni e problemi.

COME SUPERARE L'ANSIA

Gridalo a squarciagola

Conversare con un compagno creduto è un approccio per adattarsi all'ansia. Sia come sia, c'è qualcosa di incredibilmente meglio che parlare: gridare il più forte possibile. Da bambino, probabilmente ti è stato detto di non urlare e ti è stato consigliato di utilizzare la tua "voce interna". Ma come adulto, puoi fare i tuoi principi. Quindi, se stai gestendo insoddisfazioni represse e ansia, sfogati.

Questo non significa infastidire il terrore negli altri, in modo che si sentano come te. Stiamo parlando di un sano arrivo di sentimenti in una situazione controllata. Più si combatte l'ansia, più questa può diventare prepotente. Invece, tieni la paura come un pezzo della tua vita, e dopo, lasciala andare. Grida il più forte possibile, prendi a pugni un tappetino, pesta i piedi o battiti il petto. Fate qualsiasi cosa che vi faccia uscire la paura! Un istruttore di yoga di Los Angeles ha persino creato una classe considerata Tantrum Yoga che esorta gli yogi a tentare queste strategie stravaganti come approccio per scaricare la sensazione che "si blocca nel nostro corpo e potrebbe trasformarsi in stress, malattia e così via".

Andare avanti

L'esercizio è molto probabilmente la cosa esattamente opposta a quella che hai bisogno di fare quando il tuo cervello è in overdrive. Potreste stressarvi per l'irritazione post-esercizio e non essere in grado di camminare o sedersi per i due giorni successivi. O ancora, la vostra psiche può andare verso il risultato più terribile immaginabile, e temete di sovraffaticarvi e di avere un collasso coronarico. Sia come sia, l'esercizio è straordinario rispetto ad altri accordi comuni contro l'ansia.

Il movimento fisico aumenta i livelli di endorfine e serotonina per aiutarvi a sentirvi meglio interiormente. Inoltre, quando vi sentite meglio dentro, tutto il vostro punto di vista migliora. Inoltre, poiché il vostro cervello non può concentrarsi allo stesso modo su due cose allo stesso tempo, l'esercizio può anche distogliere il vostro cervello dai vostri problemi. Concentratevi in ogni caso su 30 minuti di movimento fisico da tre a cinque giorni ogni settimana. Cercate di non pensare di dover combattere con un esercizio straziante. Qualsiasi tipo di sviluppo è accettabile, quindi metti la tua marmellata preferita e muoviti per casa. O, ancora una volta, prendete un groviglio e sfociate nei vostri regali di yoga preferiti.

Addio alla caffeina

Un espresso, del cioccolato o una Coca Cola super fredda possono aiutarvi a sentirvi molto meglio. In ogni caso, se la caffeina è il tuo farmaco preferito, la tua ansia potrebbe intensificarsi.

La caffeina dà uno shock al sistema sensoriale, che sostiene i livelli di vitalità. Sia come sia, quando è sotto tensione, questa vitalità ansiosa può istigare un attacco d'ansia. Attualmente, la rinuncia al vostro rinfresco stimolato più amato può aumentare il vostro polso e sollecitare l'ansia mentre leggete questo, ma non è necessario tappare senza alcun periodo di svezzamento o rinunciare alla caffeina. È tutta una questione di controllo.

Invece di quattro tazze di espresso al giorno, ridimensionati a un paio di tazze ordinarie stimate al giorno - tipiche come 8 once, non 16 o 32 once. Fate una prova e percepite come vi sentite. Mentre ti svezzi, porta gradualmente diverse bevande nel tuo regime alimentare, per esempio il tè naturale decaffeinato, che può calmare il cervello e i nervi.

Datti un tempo per dormire

Con il vostro calendario frenetico, non c'è tempo per riposare, giusto? Alcuni lavoratori compulsivi si vantano di richiedere solo tre o quattro ore di riposo a notte, come per affermare: "Sono più deciso e sottomesso di ogni altra persona". Ma a prescindere da ciò che si può lasciar intendere, non si è un robot. Le persone hanno bisogno di riposo per lavorare in modo appropriato, quindi, tranne se vi siete irradiati da qualche pianeta vicino, questo vi riguarda ulteriormente.

Indipendentemente dal fatto che tu gestisca un disturbo del sonno, che limiti deliberatamente la tua misura di riposo o che tu sia un nottambulo dichiarato, la costante mancanza di sonno ti rende impotente di fronte all'ansia. Fai un favore a te stesso (e a tutti quelli che ti circondano) e riposa dalle otto alle nove ore ogni notte. Costruisci una routine di sonno per leggere un libro o fare qualcosa di rilassante prima di dormire. Più sei impostato per ottenere un riposo notturno decente, migliore sarà la natura del riposo che avrai, il che ti porta ad avere anche una mattina superiore.

Sentitevi "a posto" nel dire "NO".

Il tuo piatto è così enorme, e nel caso in cui tu ti sovrapponga ai problemi di ogni altra persona, anche la tua ansia diminuirà. Abbiamo tutti sentito il detto: "C'è più gioia nel dare che nell'accettare". Ma non c'è nessun posto in questo momento in cui si dice che dovresti rilassarti e lasciare che gli altri invadano il tuo tempo.

Indipendentemente dal fatto che tu stia accompagnando qualcuno nei suoi compiti, portando i suoi figli a scuola o ascoltando attentamente i suoi problemi, avrai poca solidarietà per pensare ai tuoi problemi se bruci praticamente tutto il tuo sforzo pensando agli altri. Questo non significa che non dovreste mai sostenere nessuno, tuttavia, conoscete i vostri limiti e non esitate a dire "no" quando è necessario.

Cerca di non saltare le cene

Se l'ansia provoca nausea, l'idea di mangiare nutrimento è coinvolgente come mangiare la terra. Sia come sia, saltare le cene può aggravare l'ansia. Il tuo glucosio scende quando non mangi, il che provoca l'arrivo di un ormone dello stress chiamato cortisolo. Il cortisolo può aiutarvi a lavorare meglio sotto tensione, ma può anche aggravare la vostra sensazione se siete già inclini all'ansia.

Il modo in cui si deve mangiare non legittima l'ingozzamento di qualsiasi cosa in bocca, quindi questo non è un motivo per fare baldoria con lo zucchero e il nutrimento scadente. Lo zucchero non causa ansia, ma un aumento di zucchero può causare segni fisici di ansia, per esempio, apprensione e tremore. Inoltre, nella remota possibilità che tu cominci a fissarti su una risposta allo zucchero, potresti avere una crisi d'ansia.

Unite proteine sempre più magre, prodotti naturali, verdure e grassi solidi nel vostro regime alimentare. Mangia da cinque a sei piccole cene durante la giornata e mantieni una distanza strategica dallo zucchero e dagli amidi raffinati o limitane l'ammissione.

Datti una strategia di uscita

Qua e là, l'ansia è dovuta al sentirsi selvaggi. In generale non si può essere al posto di guida della propria vita; tuttavia, si può trovare un modo per distinguere i propri trigger e adattarsi alle condizioni che causano ansia.

L'idea di andare in una circostanza sociale o di incontrare nuovi individui ti fa avere bisogno di saltare da un'estensione? Mentre tutti in un raduno prendono parte a discussioni energizzanti, forse ti vedi a reggere il divisorio e a controllare durante il tempo fino a quando non sei messo fuori dalla tua miseria. Avete guidato con i compagni e non potete andarvene, così passate tutta la serata a somigliare all'ordinatore del punchbowl. È questo timore che ti fa diminuire le sollecitazioni e il riposo nel corso dei fine settimana.

Eppure, immaginate uno scenario in cui avevate un sistema di congedo impostato prima di uscire. Per esempio, piuttosto che fare carpooling con i vostri compagni di festa hardcore, potreste guidare voi stessi. Su questa linea, potete andarvene se la vostra ansia comincia a montare e non potete affrontare un altro momento di associazioni maldestre. Più ti sentirai responsabile, meno ansia avrai.

CAPITOLO CINQUE
ATTACCHI DI PANICO

Gli attacchi di panico sono momenti inaspettati di grave terrore che possono incorporare palpitazioni, sudorazione, tremore, brevità del respiro, intorpidimento, o un'inclinazione che qualcosa di terribile accadrà. Il livello più estremo delle indicazioni avviene in pochissimo tempo. Comunemente continuano per circa 30 minuti; tuttavia, il termine può cambiare da secondi a ore. Ci potrebbe essere il timore di perdere il controllo o il dolore al petto. Gli attacchi di panico in sé non sono ordinariamente rischiosi in realtà.

Gli attacchi di panico possono verificarsi a causa di vari disturbi, tra cui il disturbo di panico, il disturbo d'ansia sociale, il disturbo da stress post-traumatico, il disturbo da uso di tranquillanti, la miseria e i problemi clinici. Possono essere attivati o accadere improvvisamente. Il fumo, la caffeina e lo stress mentale aumentano il pericolo di avere un attacco di panico. Prima dell'analisi, le condizioni che producono effetti collaterali comparativi dovrebbero essere preclusi, per esempio, ipertiroidismo, iperparatiroidismo, malattia coronarica e malattia polmonare.

RAGIONI PER GLI ATTACCHI DI PANICO

Sconforto

Lo sconforto è chiamato un disturbo del temperamento. Potrebbe essere raffigurato come sentimenti di amarezza, sfortuna o indignazione che interferiscono con gli esercizi ordinari di un individuo.

Abuso di alcol

L'abuso di alcool include una gamma di pratiche di consumo di alcool sfortunate, che vanno dal colpire la bottiglia con forza alla dipendenza dall'alcool, in casi estremi portando a problemi medici per le persone e a problemi sociali di enorme portata.

Fumo di sigaretta

Il fumo di sigaretta è l'atto di fumare tabacco e di respirare il fumo di tabacco (comprendente le fasi molecolare e vaporosa). Una definizione più estesa può incorporare solo il prendere il fumo di tabacco in bocca, e poi scaricarlo, come è finito da alcuni con imbuti di tabacco e stogies.

Rischio di suicidio

Il suicidio è la dimostrazione di porre fine alla propria vita. Come indicato dalla Fondazione americana per la prevenzione del suicidio, il suicidio è la decima ragione di morte negli Stati

Uniti, ponendo fine alla vita di circa 47.000 americani ogni anno.

La condotta autodistruttiva allude al discutere o intraprendere attività identificate con il togliersi la vita. Le riflessioni e le pratiche autodistruttive devono essere considerate come una crisi mentale.

Qualità ereditarie

Alcune famiglie avranno una quantità più alta del ragionevole di individui che incontrano problemi di panico, e gli studi rafforzano la prova che i disturbi di panico corrono nelle famiglie. Questo può essere un fattore nella formazione di un disturbo d'ansia.

EFFETTI COLLATERALI DEGLI ATTACCHI DI PANICO

Gli attacchi di panico iniziano comunemente dal nulla, all'improvviso. Possono colpire in qualsiasi momento - quando si è alla guida di un veicolo, al centro commerciale, mentre si sonnecchia o durante una conferenza. Si possono avere attacchi di panico periodici o possono accadere di tanto in tanto.

Gli attacchi di panico hanno numerose varietà, ma i segni, di regola, si esauriscono in poco tempo. Puoi sentirti esausto ed esaurito dopo che un attacco di panico si è spento.

Gli attacchi di panico ordinariamente incorporano una parte di questi segni o indicazioni:

- Senso di avvicinamento al destino (IMPENDING DOOM) o di minaccia
- Paura di perdere il controllo o di morire
- Il polso rapido e pulsante
- Sudorazione
- Tremare o tremarella
- Respiro corto o sensazione di fastidio alla gola
- Brividi
- Vampate di calore
- Nausea

- Spremitura addominale
- Dolore al petto
- Mal di testa
- Vertigini, stordimento o svenimento
- Sensazione di intorpidimento o brivido
- Sensazione di falsità o separazione.

IMPATTO DEGLI ATTACCHI DI PANICO

Le persone che sperimentano gli effetti negativi del disturbo di panico, o attacchi di panico, potrebbero essere a un pericolo molto più elevato di episodi coronarici e malattie coronariche in futuro. ... Durante questi attacchi, gli individui possono anche incontrare segni fisici, tra cui la sudorazione, problemi di respirazione, tipiness, cuore dashing, caldo o freddo brividi, tormento del torace e tormento dello stomaco.

L'ansia a lungo termine e gli attacchi di panico possono far sì che il tuo cervello scarichi ormoni dello stress per tutto il tempo. Questo può espandere la ricorrenza di effetti collaterali, per esempio, dolori cerebrali, discombussolamento e dolore.

Gli attacchi di panico durante la gravidanza possono essere un motivo di preoccupazione perché possono influenzare il piccolo. Il flusso sanguigno al piccolo è diminuito quando le loro mamme sono in preda a un'ansia elevata, il che può indurre un basso peso alla nascita e un lavoro precoce.

Gli individui con disturbo di panico possono avere un cervello particolarmente delicato nel reagire alla paura. Gli individui con questo disturbo hanno regolarmente anche una significativa tristezza.

Gli attacchi di panico possono influenzare la relazione madre-figlio e la capacità di adattamento di una madre nel periodo post-partum.

SOLUZIONE AGLI ATTACCHI DI PANICO

Quando i segni aumentano durante un attacco di panico, può sembrare che l'esperienza non finisca mai. Anche se si può credere che non ci sia niente da fare a parte sopportare, ci sono alcune procedure che si possono praticare per diminuire la gravità dei segni e deviare la psiche.

Percepire di avere un attacco di panico

Percependo che stai avendo un attacco di panico piuttosto che un episodio coronarico, puoi avvisare te stesso che è breve, passerà, e che stai bene.

Rimuovi il timore che tu possa tirare le cuoia o che il destino si stia avvicinando, i due segni degli attacchi di panico. Questo può permetterti di concentrarti su diversi sistemi per diminuire gli effetti collaterali.

Avere un piano in atto

Indipendentemente da quale sia il vostro accordo, averne uno impostato è la cosa più significativa. Potete pensare al vostro accordo come la vostra serie di indicazioni per voi stessi quando sentite un attacco di panico in arrivo. Un meccanismo può essere quello di togliersi dalla propria condizione attuale, mettersi a sedere, e considerare un compagno o un parente che possa aiutarvi a occupare le vostre indicazioni e aiutarvi a calmarvi. A quel punto, puoi unirti ai sistemi di accompagnamento.

Pratica la respirazione profonda

La brevità del respiro è un'indicazione tipica degli attacchi di panico che possono farvi sentire furiosi e selvaggi. Riconoscete che la brevità del respiro è un segno di un attacco di panico, e questo è solo transitorio. A quel punto inizia a fare un respiro completo per una somma di quattro secondi, trattieni per un secondo, e scaricalo per una quantità di quattro secondi. Continua a ripetere questo esempio finché la tua respirazione non diventa controllata e coerente. Concentrarsi sul conto di quattro non solo vi impedirà di iperventilare, ma può anche aiutare a lasciare senza parole i diversi effetti collaterali.

Praticare la mindfulness

La mindfulness può aiutarvi a radicarvi nella verità di ciò che vi circonda. Poiché gli attacchi di panico possono causare un sentimento di separazione o di partizione dal mondo reale, questo può combattere il tuo attacco di panico mentre si avvicina o si verifica.

Concentratevi sulle sensazioni fisiche che conoscete, come l'affondare i piedi nel terreno o sentire la superficie dei pantaloni sulle mani. Queste sensazioni particolari ti mettono a terra in modo inamovibile e ti danno un obiettivo su cui concentrarti.

Usa le tecniche di rilassamento muscolare

Durante un attacco di panico, è inevitabile che vi sentirete come se aveste perso il controllo del vostro corpo, ma i metodi di scioglimento muscolare vi permettono di recuperare una parte di quel controllo. Lo scioglimento dinamico dei muscoli è una strategia semplice ma potente per i disturbi di panico e d'ansia. Iniziate afferrando la mano che stringete e mantenete questa presa fino al raggiungimento del numero 10. Quando trovate un ritmo fattibile, togliete la presa e lasciate che la vostra mano si sblocchi completamente. Successivamente, tentate una strategia simile nei vostri piedi, e poi, un po' alla volta, risalite il vostro corpo afferrando e sciogliendo ogni raggruppamento muscolare: gambe, eccessi, zona dello stomaco, schiena, mani, braccia, spalle, collo e viso.

Partecipare a un esercizio leggero

Le endorfine mantengono il sifonamento del sangue proprio nell'immediato. Può aiutare a inondare il nostro corpo di endorfine, che possono migliorare il nostro temperamento. Dato che sei stressato, scegli un esercizio leggero e delicato per il corpo, come passeggiare o nuotare. Il caso particolare di questo è nel caso in cui stai iperventilando o cercando di rilassarti. Fai prima quello che puoi per rallentare.

Rimanere o ripetere un Mantra

Potresti sentirti un po' goffo nel farlo fin dall'inizio, ma ripetere a te stesso un mantra positivo e potenziante durante un attacco di panico può essere un modo per affrontare lo stress. Prova a ripetere qualcosa di semplice come "Questo è transitorio. Starò bene" o "Non sto per tirare le cuoia. Ho bisogno di rilassarmi".

Scoprire un oggetto e concentrarsi su di esso

Scegliete un oggetto che potete vedere da qualche parte davanti a voi e annotate tutto ciò che notate di quell'oggetto, dalla sua ombreggiatura e dimensione a qualsiasi esempio che potrebbe avere, dove potreste averne visti altri simili, o a cosa assomiglierebbe qualcosa di diverso dall'articolo. Puoi fare questo nella tua mente o parlare la tua osservazione in modo clamoroso a te stesso o a un compagno.

Chiudi gli occhi

Alcuni attacchi di panico hanno origine da fattori scatenanti che ti sovrastano. Nel caso in cui ti trovi in una condizione di ritmo veloce con molti miglioramenti, questo può prendersi cura del tuo attacco di panico.

Per diminuire i miglioramenti, chiudi gli occhi durante l'attacco di panico. Questo può escludere ogni ulteriore miglioramento e rendere più semplice concentrarsi sul rilassamento.

Immagina il tuo posto allegro

Qual è il posto più rilassante del pianeta che puoi considerare? Una spiaggia luminosa con onde che si muovono delicatamente? O un rifugio in montagna?

Immaginatevi lì e cercate di concentrarvi sulle sottigliezze, per quanto ci si possa ragionevolmente aspettare. Immaginate di affondare le dita dei piedi nella sabbia calda, o di sentire l'odore acuto dei pini. Questo posto dovrebbe essere tranquillo, silenzioso e rilassante.

Mantenere una distanza strategica da "autosedativi o farmaci".

Cercate di mantenere una distanza strategica dall'"autosedazione". L'alcool non aiuterà i sentimenti di panico e, a lungo termine, li aggraverà. I tranquillanti qua e là hanno un uso estremamente transitorio, ma non sono preziosi nel tempo più lungo ed è tutt'altro che difficile diventare dipendenti. Sappiate che alcuni farmaci per l'ansia possono creare dipendenza - fatevi sempre consigliare da un medico per qualsiasi farmaco.

Capitolo SESTO

Rabbia

L'emozione della rabbia non è sempre un sentimento negativo da provare. Essere arrabbiati in qualche modo può essere uno sfogo positivo e qualcosa che non dovrebbe essere ignorato.

In ogni caso, avere dentro di sé una rabbia che sfocia in inclinazioni distruttive verso se stessi o gli altri, e la cui fonte è un'esperienza dolorosa, non è salutare in alcun modo. Questo tipo di rabbia deve essere gestita prima che cresca in incontri progressivamente negativi. In ogni caso, finché non riuscirete a riconoscere questo sentimento come un pezzo del vostro essere, sarete, in generale, in guerra con il sentimento della rabbia proprio come voi stessi. Dovresti inizialmente comprendere che la rabbia è un sentimento difensivo e poi considerare i modi in cui la rabbia può essere preziosa e favorevole per te. Dato che la rabbia o la ferocia scaturisce rapidamente dal tormento e dal timore, e poi eventualmente dall'amore, dovresti fare attenzione che questa rabbia non sia disgiunta da altri sentimenti essenziali. Questo è il punto in cui diventa pericoloso. Quando si supera il limite di pensare ai propri sentimenti o ai sentimenti di qualcun altro, la rabbia può radicare il tormento, sia passionale che fisico. Poi di nuovo, nel caso in cui si possa interfacciare l'amore per ogni inclinazione irascibile che si ha, la rabbia in generale si romperà e vinceranno l'amore e il senso.

La rabbia è uno dei sentimenti umani più fondamentali. È una reazione fisica e mentale a un pericolo o a un male fatto in precedenza. La rabbia assume una vasta gamma di strutture, dall'aggravamento alla ferocia accecante o al disprezzo che marcisce nel corso di numerosi anni. In qualsiasi momento, una miscela di componenti fisiche, mentali e sociali si interfaccia per farci sentire in un modo specifico. È caratteristico per ognuno di noi. I nostri sentimenti sono influenzati dalla nostra composizione passionale, da come vediamo il mondo, da ciò che accade intorno a noi e dalle nostre condizioni. Come i diversi sentimenti, la rabbia una volta ogni tanto si manifesta da sola.

TIPI DI RABBIA

Rabbia involontaria o passiva

Gli individui che incontrano una rabbia non coinvolta possono non capire di essere arrabbiati. Nel momento in cui provate una rabbia distaccata, i vostri sentimenti potrebbero essere mostrati come derisione, freddezza o sgradevolezza. Potreste interessarvi a pratiche sconsiderate, per esempio, marinare il lavoro, allontanare i vostri cari, o esibirvi in modo inadeguato in circostanze esperte o sociali. Agli intoccabili, sembrerà che tu stia sovvertendo te stesso di proposito, anche se potresti non capirlo o avere la possibilità di cancellare le tue attività.

Dal momento che la rabbia inattiva può essere placata, può benissimo essere difficile da percepire; la consulenza può aiutarvi a riconoscere i sentimenti dietro le vostre attività, esponendo l'oggetto della vostra rabbia in modo da poterla gestire.

Forzato o aggressivo Rabbia

Le persone che sperimentano la rabbia violenta sono tipicamente consapevoli dei loro sentimenti, anche se generalmente non comprendono le vere basi sottostanti alla loro rabbia. A volte, dirottano gli scatti d'ira violenta verso dei sostituti, poiché è troppo difficile anche solo pensare di affrontare i problemi reali. La rabbia violenta si manifesta regolarmente come rabbia instabile o ritorsiva e può provocare danni fisici alla proprietà e agli altri. Capire come percepire i fattori scatenanti e sorvegliare le indicazioni della rabbia è fondamentale per gestire questo tipo di rabbia.

Rabbia assertiva

Il metodo sano per gestire la rabbia è essere controllati e fiduciosi, ascoltando e parlando, e aperti all'aiuto nella gestione della situazione. Questa rabbia assertiva può aiutare le associazioni a crescere. Implica pensare prima di parlare, essere positivi su come si dichiara, ma aperti e adattabili al "lato opposto". Implica mostrare moderazione, non alzare la voce, impartire come ci si sente interiormente, e tentare veramente di comprendere ciò che gli altri sentono. Nel momento in cui gestite la rabbia in modo assertivo, dimostrate di essere completamente cresciuti e di avere a cuore le vostre connessioni e voi stessi.

COME FUNZIONA LA RABBIA

Durante la nostra vita, soppesiamo continuamente le circostanze e scegliamo la nostra opinione su di esse: positiva o negativa, protetta o pericolosa e così via. Se pensiamo che una circostanza significhi 'sei in pericolo', ci sentiamo in apprensione. Nella remota possibilità che significhi "hai subito un torto", ci sentiamo furiosi. Inoltre, queste emozioni decidono come rispondiamo alla circostanza. Facciamo una rapida interpretazione delle implicazioni in sentimenti. Con la rabbia, questa velocità in alcuni casi implica che rispondiamo in un modo di cui poi ci pentiamo. Dal momento in cui siamo concepiti, osserviamo le occasioni, diamo loro implicazioni e creiamo una relazione tra di esse. Dalla nostra esperienza, capiamo come valutare ogni circostanza.

LA NATURA DELLA RABBIA

La rabbia è un'espressione di entusiasmo che si sposta in potenza da un pastoso fastidio a un'estrema ferocia e ira. Come altri sentimenti, è accompagnata da cambiamenti fisiologici e naturali. Nel momento in cui si esplode, il polso e lo sforzo circolatorio salgono, così come i gradi degli ormoni della vitalità, dell'adrenalina e della noradrenalina. La rabbia può essere provocata da occasioni esterne e interne. Potreste avercela con un individuo in particolare (un collega o un manager nel vostro ambiente di lavoro) o un'occasione (un incidente d'auto, un volo cancellato), o la vostra rabbia potrebbe essere causata dallo stress o dall'agonizzare sui vostri problemi. Anche i ricordi di occasioni traumatiche o irritanti possono scatenare sentimenti di collera.

COME IL NOSTRO CORPO RISPONDE ALLA RABBIA

Un gran numero dei nostri sentimenti è collegato a una specifica reazione fisica. La rabbia prepara la psiche e il corpo all'attività. Stimola il sistema sensoriale, espandendo il polso, lo sforzo circolatorio, il flusso di sangue ai muscoli, il livello di glucosio e la traspirazione. Inoltre, affina le facoltà ed espande la creazione di adrenalina, un ormone fornito in occasione dello stress. Contemporaneamente a questi cambiamenti fisici, si pensa che la rabbia influenzi il modo in cui ci sentiamo o crediamo. Nel momento in cui ci troviamo di fronte a un pericolo, la rabbia ci incoraggia a interpretare rapidamente dati complessi in termini semplici: 'giusto' o 'sbagliato', per esempio. Questo può essere utile in una crisi, poiché non bruciamo tempo significativo, soppesando dati che non influenzano immediatamente la nostra sicurezza o prosperità. In ogni caso, può implicare che dimostriamo prima di aver pensato a cos'altro è significativo e di aver stabilito una scelta equilibrata su come agire. Può essere che dobbiamo mettere da parte più sforzo per dare un'occhiata alla circostanza e gestirla inaspettatamente. Nel momento in cui la rabbia ostacola il ragionamento oggettivo, possiamo offrire un percorso all'inclinazione ad agire con forza, mossi dall'impulso di sopportare o proteggere qualcuno da un rischio.

MOTIVI PER CUI LA GENTE SI ARRABBIA

I sentimenti di rabbia emergono a causa di come decifriamo e rispondiamo a circostanze specifiche. Ognuno ha i suoi fattori scatenanti per ciò che lo fa impazzire, ma alcuni di base ricordano le circostanze per le quali ci sentiamo.

Gli individui possono decifrare inaspettatamente le circostanze, per cui una situazione che ti porta a sentirti estremamente pazzo potrebbe non costringere un'altra persona a sentirsi arrabbiata in alcun modo (per esempio, risposte diverse potrebbero incorporare disagio, dolore o distrazione). Sia come sia, poiché possiamo decifrare le cose in modo inaspettato, non significa che stai interpretando le cose in modo "sbagliato" nel caso in cui tu esploda.

Il modo in cui decifri e rispondi a una circostanza può dipendere da un mucchio di variabili nella tua vita, tra cui:

- adolescenza ed educazione
- incontri passati
- condizioni attuali
- Hurt
- Minacciato
- Non in controllo

Adolescenza/educazione: Quasi certamente, il modo in cui siete stati cresciuti, e la vostra base sociale, avrà un impatto su come vi sentite nel comunicare la rabbia. Molti individui, da giovani, ricevono messaggi sulla rabbia che possono rendere più difficile sorvegliarla da adulti.

Potreste essere stati educati ad accettare che è in ogni caso giusto mostrare la vostra rabbia, forse con forza o brutalmente, e non vi è stato insegnato come comprenderla e sorvegliarla. Questo potrebbe significare che hai turbamenti furiosi ogni volta che non ti importa di come qualcuno sta portando avanti, o sei in una circostanza che non ti interessa.

Sia come sia, se aveste visto la rabbia dei vostri genitori o di altri adulti quando era pazza, potreste averla considerata come qualcosa di rovinoso e allarmante.

Oppure, d'altra parte, potresti essere stato educato ad accettare che non dovresti lamentarti ma piuttosto sopportare le cose, e potresti essere stato respinto per aver comunicato la rabbia da giovane.

Incontri come questi possono implicare che si soffoca la rabbia e si trasforma in un problema a lungo termine, dove si risponde in modo improprio a nuove circostanze di cui non si è contenti.

Incontri passati: Se hai incontrato circostanze specifiche in passato che ti hanno portato a sentirti arrabbiato, per esempio, abusi, ferite o molestie (sia da bambino che più tardi da adulto), e non potevi comunicare in modo sicuro la tua rabbia a quel punto, potresti, in ogni caso, adattarti a quei sentimenti irati ora. Questo può implicare che attualmente scoprite certe circostanze particolarmente provanti, e destinate a farvi impazzire.

A volte il vostro attuale sentimento di rabbia può non riguardare esclusivamente la circostanza attuale, ma può anche essere identificato con un incontro passato, il che può implicare che la rabbia che state provando nel presente è ad un livello che rispecchia la vostra circostanza passata.

Essere consapevoli di questo può aiutarci a trovare metodi per reagire alle circostanze nel presente in modo più sicuro e meno angosciato.

Condizioni attuali: Nel caso in cui tu stia gestendo una tonnellata di problemi diversi nella tua vita in questo momento, potresti finire per sentirti furioso più efficacemente del previsto, o saltare in aria per cose casuali.

Se c'è qualcosa di specifico che ti fa arrabbiare, ma non ti senti pronto a comunicare la tua rabbia legittimamente o a risolverla, a quel punto potresti scoprire di esprimere quella rabbia in diverse occasioni.

La rabbia può anche essere un pezzo di dolore. Nel caso in cui abbiate perso qualcuno di essenziale per voi, potrebbe essere molto difficile adattarsi a tutte le cose contrastanti che potreste sentire.

Ferire: gli individui sono regolarmente o attenti e adoranti nei nostri confronti o cattivi e dannosi.

Minacciati: ci sentiamo così quando c'è un rischio per il nostro carattere, per esempio, la possibilità di essere visti come fuori base, terribili, di seconda scelta o fragili.

La rabbia influenza varie parti del corpo, tra cui il cuore, il cervello e i muscoli. Un esame ha scoperto che la rabbia provoca anche un'espansione dei livelli di testosterone e una diminuzione dei livelli corticali.

Non in controllo: Sentirsi al comando è una caratteristica umana desiderata e una che è significativamente sempre più critica per determinati individui.

Depressione

C'è, a detta di tutti, un'idea sbagliata che la depressione sia piangere continuamente e non alzarsi". Tuttavia, l'espansività è una causa tipica della rabbia.

Ansia

Le persone con un'ansia elevata spesso si sentono quasi sopraffatte perché devono fare uno sforzo sostanziale per affrontare il loro stato di entusiasmo interiore". Così, quando emerge una circostanza difficile, si può essere spinti al limite, il che si manifesta come rabbia o un corto circuito.

Abuso di alcol

L'abuso di alcol, o alcolismo, allude al fatto di consumare molto alcol immediatamente o abitualmente.

La ricerca mostra che bere alcolici espande l'ostilità.

L'alcol indebolisce la tua capacità di pensare in modo inequivocabile e di fare scelte equilibrate. Influenza il tuo controllo della motivazione e può rendere più difficile controllare i tuoi sentimenti.

Disturbo bipolare

Il disordine bipolare è un disturbo mentale che causa spostamenti emotivi nella tua disposizione.

Questo estremo stato di movimenti mentali può estendersi dalla pazzia alla depressione, nonostante il fatto che non tutte le persone con disturbo bipolare vadano incontro alla depressione. In ogni caso, molti individui con disturbo bipolare possono incontrare momenti di rabbia, fragilità e ira.

Disturbo esplosivo intermittente

Un individuo con il disordine esplosivo intermittente (IED) ha rivangato scene di condotta violenta, avventata o viziosa. Possono andare oltre le circostanze con sconvolgimenti irati che sono fuori misura per la circostanza.

Lutto

Il dolore è una delle ragioni della rabbia. Il dolore può emergere dalla morte di un amico o di un membro della famiglia, dalla separazione o dal divorzio dai propri cari, o dalla perdita di un lavoro. La rabbia può essere rivolta all'individuo che è deceduto, a qualsiasi altra persona coinvolta nell'occasione, o a cose senza vita.

COME LA RABBIA PORTA ALLA VIOLENZA

La rabbia può dare un'enorme inondazione di vitalità che vi induce a rispondere in modi che normalmente non avreste. Nel momento in cui si esaurisce, si trasforma in una rabbia che può avere ramificazioni negative per voi e per le persone che vi circondano.

Se si incontrano sentimenti incredibili, questo può anche scatenare emozioni selvagge. Questi sentimenti possono essere esacerbati, e sono destinati a scatenare la ferocia, nel caso in cui si beva eccessivamente o si faccia abuso di droghe.

I risultati di lasciare che la vostra rabbia si trasformi in brutalità rendono molto più significativo per voi mantenere il controllo e trovare un sostegno per affrontare le vostre emozioni.

IMPATTI DELLA RABBIA

La rabbia incessante che erompe costantemente o spirali impazzite può avere ramificazioni negative per voi:

Debilita il tuo sistema immunitario.

Se siete costantemente sconvolti, potreste finire per sentirvi debilitati tanto più spesso. In un esame, i ricercatori dell'Università di Harvard hanno scoperto che in individui affidabili, il solo rivedere un incontro furioso del loro passato ha causato una caduta di sei ore nei livelli dell'agente di contrasto immunoglobulina A, la prima linea di resistenza delle cellule contro le malattie.

Benessere fisico

Lavorare continuamente a livelli significativi di stress e di rabbia ti rende sempre più indifeso alle malattie coronariche, al diabete, a un quadro sicuro debilitato, a un disturbo del sonno e all'ipertensione.

Benessere psicologico

La rabbia cronica consuma grandi quantità di vitalità mentale e annebbia il tuo ragionamento, rendendo più difficile concentrarsi o apprezzare la vita. Può anche provocare stress, tristezza e altri problemi di benessere psicologico,

Vocazione o carriera

Analisi costruttiva, contrasti innovativi e discussioni accese possono essere salutari. Tuttavia, l'attacco di un uomo si allontana dai suoi colleghi, supervisori o clienti e dissolve il loro rispetto,

Relazioni

La rabbia può causare cicatrici durature nei vostri cari più e ostacolare le amicizie e i legami di lavoro. La rabbia pericolosa rende difficile per gli altri confidarsi con voi, parlare onestamente o sentirsi bene, ed è particolarmente dannosa per i giovani.

Se hai un temperamento focoso, potresti sentirti come se fosse fuori dal tuo controllo e c'è poco da fare per domare il bruto. In ogni caso, hai più autorità sulla tua rabbia di quanto tu possa sospettare. Con la comprensione delle buone spiegazioni dietro la tua rabbia e questi strumenti per la rabbia, puoi capire come comunicare i tuoi sentimenti senza danneggiare gli altri e proteggere il tuo carattere dal comandare la tua vita.

SINTOMI DI RABBIA

La rabbia causa anche alcuni sintomi fisici ed emotivi. Mentre ci si aspetta di incontrare questi sintomi ogni tanto, un individuo con problemi di rabbia, in generale, li sperimenterà sempre più frequentemente e in misura sempre più estrema.

Interrompere

Gli individui arrabbiati saranno, in generale, individui impazienti. Spesso hanno difficoltà ad aspettare che gli altri finiscano quello che stanno dicendo. E in ogni caso, quando possono lasciare che gli altri parlino, potrebbero non essere in ascolto - ma solo fingere di esserlo.

Essere un lamentatore

Gli individui che investono una tonnellata di energia lamentandosi delle trasgressioni e delle mancanze di altri individui possono avere un "problema" di rabbia.

Irritabilità

è una reazione non necessaria agli stimoli. Il termine è utilizzato sia per la risposta fisiologica agli stimoli che per l'affettività ossessiva, strana o esorbitante agli stimoli; è generalmente usato per alludere alla rabbia o alla delusione. L'irritabilità può essere esibita in reazioni di condotta a stimoli sia fisiologici che di condotta, compresi gli stimoli naturali, situazionali, sociologici e passionali.

Trattenere il rancore

Le relazioni possono durare quando qualcuno ha difficoltà a perdonare qualcuno che gli ha fatto un torto in passato. E gli individui con problemi di rabbia hanno spesso problemi a fare solo questo.

Invece, continuano a rivivere la frustrazione, l'odio e il dolore ogni volta che ricordano un'inopportunità - che sia vista o reale.

Stiramento muscolare

È l'estensione o lo strappo delle fibre muscolari? La maggior parte degli strappi muscolari si verifica per una delle due ragioni: o il muscolo è stato esteso oltre i suoi punti di rottura, o è stato costretto a contrarsi troppo inequivocabilmente. Nei casi delicati, solo un paio di fibre muscolari sono estese o strappate, e il muscolo rimane impeccabile e solido. In casi gravi, sia come sia, il muscolo teso potrebbe essere lacerato e inadatto a lavorare in modo appropriato.

Rosso in faccia

Arrabbiandosi si ottiene l'espressione facciale - e questo vale per il "calore" emotivo così come per le temperature calde misurate su un termometro. La rabbia può anche causare la respirazione laboriosa, l'agitazione e, in ogni caso, il camminare avanti e indietro.

La rabbia ha un impatto sia sul corpo che sulla mente. Infatti, varie indagini hanno indicato che gli individui arrabbiati sono destinati ad avere l'ipertensione e a subire un ictus o un attacco cardiaco.

Gridare

Questo è l'atto di parlare con frustrazione e di parlare a voce alta, frequentemente così esuberante come sarebbe prudente, normalmente quando si ha bisogno di farsi capire in circostanze rumorose, o quando l'individuo con cui si sta conversando è lontano o non può sentire bene davvero e il suo in qualche modo accade quando si è arrabbiati, e può portare a conflitti

Essere eccessivamente sensibile

Gli individui arrabbiati sono veloci ad offendersi. Osservazioni di cui gli altri possono ridere possono entrare nella pelle di qualcuno che ha un contegno arrabbiato. Alcune persone con un "problema" di rabbia sono iper-vigili, sempre in attesa che gli altri facciano casino.

Avere il cuore freddo

Gli individui arrabbiati tendono a non essere estremamente compassionevoli o empatici. Alcuni traggono piacere dall'avversità degli altri - un episodio noto come schadenfreude. E alcuni sono veloci a condannare e ritardano a lodare.

EFFETTI DELLA RABBIA

Effetti fisici della rabbia

La rabbia scatena la reazione "battaglia o fuga" del corpo. Diversi sentimenti che scatenano questa reazione incorporano il terrore, l'energia e l'inquietudine. Gli organi surrenali inondano il corpo di ormoni della pressione, per esempio, adrenalina e corticale. Il cervello smista il sangue lontano dall'intestino e verso i muscoli in previsione dello sforzo fisico. Il polso, lo sforzo circolatorio e il respiro aumentano, il livello di calore interno sale e la pelle suda. La psiche è affinata e centrata.

Problemi di salute con la rabbia

L'impennata costante dei sintetici della pressione e i relativi cambiamenti metabolici che accompagnano la rabbia continua non gestita possono, a lungo andare, causare danni a varie strutture del corpo.

Una parte dei problemi di salute a breve e lungo termine che sono stati collegati alla rabbia non gestita includono:

- Mal di testa
- Problemi di digestione, per esempio, tormento allo stomaco
- Insonnia
- Aumento del nervosismo
- Depressione

- Sforzo circolatorio elevato
- Problemi della pelle, per esempio, dermatiti
- Attacco di cuore
- Ictus

COME SUPERARE LA RABBIA

Sei pronto a livellare la tua rabbia? Comincia a considerare questi consigli per la gestione della rabbia.

Pensare prima di parlare

Nel momento in cui si è arrabbiati, è facile dire qualcosa di cui poi ci si pente. Prenditi qualche secondo per raccogliere le tue considerazioni o i tuoi pensieri prima di dire qualcosa - e permetti agli altri coinvolti nella situazione di fare lo stesso.

Una volta calmato, esprimi la tua rabbia

Subito dopo aver pensato chiaramente, esprimete la vostra frustrazione in modo assertivo ma non conflittuale. Menziona le tue preoccupazioni e i tuoi bisogni in modo chiaro e diretto, senza ferire gli altri o cercare di controllarli.

Prendere una pausa

Il tuo respiro può diventare più superficiale e accelerare quando ti arrabbi. Puoi invertire questa tendenza (e la tua rabbia) facendo respiri moderati, espirando dalla bocca e pieni dal naso per diversi momenti.

Fai un po' di esercizio

L'attività fisica può aiutare a ridurre lo stress che può farvi perdere il controllo. Se senti che la tua rabbia sta aumentando, fai una camminata veloce o corri, o investi un po' di energia facendo altre attività fisiche piacevoli.

Rilassando il muscolo

Il rilassamento muscolare dinamico ti chiede di tendere e rilassare gradualmente vari gruppi di muscoli nel tuo corpo, ognuno a turno. Mentre tendi e rilasci, fai dei respiri moderati e deliberati.

Prenditi un po' di tempo libero

I time-out non sono solo per i bambini o i ragazzi. Concedetevi brevi pause durante i momenti della giornata che tendono ad essere stressanti. Un paio di secondi di tempo tranquillo potrebbero aiutarvi a sentirvi meglio preparati a gestire ciò che vi aspetta senza irritarvi o arrabbiarvi.

Identificare alcune soluzioni possibili o potenziali

Invece di concentrarti su ciò che ti fa arrabbiare o irritare, cerca di risolvere il problema in questione. La stanza caotica di tuo figlio ti fa impazzire? Chiudete l'ingresso. Il tuo partner è sempre in ritardo per la cena? Calendarizza i pasti più tardi la sera - o accetta di mangiare da solo un paio di volte al giorno. Ricorda a te stesso che la rabbia non può risolvere nulla e potrebbe solo rendere tutto più spiacevole.

Ripetere un mantra

Trova una frase o una parola che ti aiuti a concentrarti e a calmarti. Ripeti quella parola a te stesso quando sei arrabbiato. "Rilassati", "Starai bene" e "Calmati" sono tutti esempi genuini.

Fuggire intellettualmente

Cammina in una stanza tranquilla, chiudi gli occhi e pratica la visualizzazione di te stesso in una scena rilassante. Concentrati sui dettagli della scena immaginaria: Quanto sono grandi le montagne? Come sono i cinguettii degli uccelli? Questa pratica può aiutarti a trovare la calma in mezzo alla rabbia.

Limita la tua parola

Nel momento in cui sei arrabbiato, potresti essere invogliato a far volare le parole furiose, ma è più probabile che farai più male che bene. Fai finta che le tue labbra siano bloccate, proprio come facevi da bambino o da ragazzino. Alcuni momenti senza parlare ti daranno il tempo di raccogliere i tuoi pensieri.

Attenersi alle affermazioni "io".

Per evitare di dare la colpa o criticare - il che potrebbe solo aumentare la tensione - usate le affermazioni "io" per descrivere il problema. Siate specifici e rispettosi. Per esempio, dite: "Sono irritato perché hai lasciato il tavolo senza offrirti di aiutare con i piatti" piuttosto che "Non fai mai lavori domestici".

Non serbare rancore

Il perdono è una risorsa incredibile. Se permettete ai sentimenti negativi e alla rabbia di scacciare i sentimenti positivi, potreste ritrovarvi inghiottiti dai vostri sentimenti o dall'amarezza dell'ingiustizia. Ma se siete in grado di perdonare qualcuno che vi ha fatto arrabbiare, potreste entrambi imparare dalla situazione e rafforzare il vostro rapporto.

Usare l'umorismo per allentare la tensione

Alleggerire può aiutare a diffondere la tensione. L'umorismo aiuta ad affrontare ciò che ti fa arrabbiare e, possibilmente, qualsiasi aspettativa irrealistica che hai su come dovrebbero andare le cose. Evita il sarcasmo, anche se può ferire i sentimenti e rendere le cose più spiacevoli.

Pratica delle abilità di rilassamento

Nel momento in cui la tua emozione si infiamma, metti in atto delle capacità di rilassamento. Pratica esercizi di respirazione profonda, immagina una scena rilassante, o ripeti una parola o una frase calmante, per esempio, "Calmati". Potresti scrivere su un diario, ascoltare musica, o fare un paio di regali yoga - qualsiasi cosa serva per incoraggiare il rilassamento.

Sapere quando cercare aiuto

Imparare a controllare le nostre emozioni è una sfida per tutti a volte. Cerca un consiglio per i problemi di rabbia. Se la tua passione sembra essere fuori controllo, può portarti a fare cose di cui ti penti o che fanno male a chi ti circonda.

Perdono

Il perdono è sempre importante; se una persona si è scusata o implorata per averti fatto arrabbiare, o se ti rendi conto che la situazione "non ne vale la pena", sii disponibile a perdonare. E disponibile a essere perdonato e a perdonare te stesso! Vi aiuterà a calmarvi e a far fiorire le vostre relazioni con gli altri.

Pratica l'empatia

Prova a camminare nei panni dell'altro individuo e vedi la situazione dalla sua prospettiva o esperienza. Quando raccontate la storia o rivivete gli eventi come loro li hanno visti, potete ottenere un'altra comprensione e diventare meno arrabbiati.

Esprimi la tua rabbia

Va bene dire ciò che si sente, purché lo si sappia gestire nel modo giusto. Chiedi a un amico fidato di aiutarti a essere responsabile e calmo nella risposta. Gli sfoghi non risolvono nessun problema, ma un dialogo maturo può aiutare a ridurre il tuo stress e ad alleviare la tua rabbia. Può anche prevenire il futuro.

Ridere

Niente ribalta un cattivo stato d'animo come un buon stato d'animo. Diffondete la vostra rabbia cercando dei modi per sorridere, sia che si tratti di giocare con i vostri figli, guardare stand-up o scorrere le immagini.

Pratica la gratitudine

Prenditi un momento per concentrarti su ciò che è giusto quando tutto sembra sbagliato. Rendersi conto del numero di cose benefiche che avete nella vostra vita può aiutarvi a neutralizzare la rabbia e a ribaltare la situazione.

Terapia e consulenza parlante

Questo implica parlare dei tuoi problemi con un professionista qualificato (per esempio, una guida o uno psicoterapeuta) che può aiutarti a esplorare le cause della tua rabbia e i modi per gestirla. Questo può aiutarvi a lavorare attraverso i vostri sentimenti e a migliorare le vostre risposte alle situazioni che vi fanno arrabbiare.

www.ingramcontent.com/pod-product-compliance
Lightning Source LLC
Chambersburg PA
CBHW070949080526
44587CB00015B/2243